Jeder bekommt den Partner, den er verdient

Hermann Meyer

Jeder bekommt den Partner, den er verdient

– ob er will oder nicht

Mit Illustrationen von Elke Pittermann

12. Auflage

© 1997 by Trigon Verlag, München 1997
Tel.: 089/26 03 95 9, Fax: 089/2 60 39 59

Das gesamte Werk ist im Rahmen des Urheberrechtes geschützt. Jegliche vom Verlag nicht genehmigte Verwertung ist unzulässig und strafbar. Dies gilt auch für die Verbreitung durch Funk, Fernsehen, photomechanische Wiedergabe, Tonträger jeder Art, elektronische und alle weiteren Medien sowie für auszugsweisen Nachdruck.

Illustrationen und Umschlaggestaltung: Elke Pittermann, Wiesbaden
Satz, Druck und Bindung: Ebner & Spiegel, Ulm
Printed in Germany
ISBN 3-00-001183-8

Inhalt

Vorwort 9

I. Denkvoraussetzungen

Das Anlagen-Modell
   Unfähigkeiten erkennen, um fähig werden zu können 13

Die Kollektivneurose
   und ihre Auswirkungen auf die Partnerschaft 22

Sieben Gründe, warum es in der Kollektivneurose keine
   gute Partnerschaft oder Ehe geben kann 33

Die Ungeeignetsten gieren am meisten nach einer
   Beziehung 53

II. Status quo

Bewußte und unbewußte Partnerwahl 59

Kriterien der Partnerwahl 68

Phantompartner 72

Wie Gefühle die Partneranziehung beeinflussen 85

Partneranziehung nach dem Gesetz der
   Wiederkehr des Verdrängten 97

Partnerschaftsanalyse 106

Schon vergeben: Verheirateter oder bereits gebundener
   Partner 115

So weit weg: Partner, der weit entfernt wohnt 123

Komplott: Partner, der aus einer früheren
    Beziehung ein Kind hat 126

Überdreht: Hysteriker als Partner 131

Benebelt: Raucher als Partner 135

Handicap: Partner mit einem Manko 140

Pulverfaß: Choleriker als Partner 145

Niete: Versager als Partner 149

Flasche: Trinker als Partner 153

Zurückgeblieben: Partner, der sich auf einer anderen
    Bewußtseinsebene befindet 157

Rücksichtslos: Partner als Zeiträuber 163

Ins Schicksal des anderen hineingezogen werden 172

Soll man jedes Schicksal, das mit dem Partner verbunden ist,
    annehmen? 179

Vorteile des Zusammenlebens und des Single-Daseins . 182

III. Lösungsmöglichkeiten:

Das eigene Gewissen umpolen 194

Die eigenen Gefühle umpolen 214

Wie man seine Partneranziehung verbessert 218

Für den Partner einen Platz schaffen 225

Sich eine Zweitbeziehung zulegen 230

Sein eigener Partner werden 242

Wahre Liebe finden durch das Ausbilden von Anlagen 247
Fähig werden für eine wirklich gute Beziehung 251

Bibliographie 254

Verzeichnis der Grafiken und Tabellen

Fähigkeiten für eine erfolgreiche Partnerschaft 19
Das Labyrinth der Kompensation 27
Die sieben Phasen der Identifikation 51
Defizite und Erwartungshaltungen 75
Folgeerscheinungen des Phantompartners 80
Anlagen, irreale und reale Gefühle 86
Irreale Gefühle und Partneranziehung 92
Wiederkehr des Verdrängten 101
Checkliste für den Zeitschutz 169
Vorteile des getrennt Wohnens 188
Vorteile des Zusammenlebens 190
Das Netz der Weltprobleme 196
Moral und Konvention 200
Gesetzeskodex des Lebens 204
Lebenszeit-Sparplan 229
Team für die Frau 232
Team für den Mann 233

Vorwort

Dieses Buch gibt längst fällige Antworten auf die uralte Streitfrage, wer verantwortlich dafür ist, wenn eine Partnerschaft nicht funktioniert. Wir sind es nämlich selbst, die den Grad an Harmonie oder Dissonanz innerhalb einer Beziehung bestimmen.

Entsprechend unserer (Un-)Fähigkeiten, den Aufgaben des Lebens zu begegnen, suchen wir uns nicht von ungefähr einen Partner, der sich als verheiratet, hysterisch oder »zurückgeblieben«, als Choleriker, Versager oder Trinker entpuppt.

So gilt es, sich der unbewußten Anziehungskräfte gewahr zu werden, um Fähigkeiten zu entwickeln, die eine bewußte Partnerwahl ermöglichen und das gemeinsame Glück auf eine realistische Basis stellen.

Am schwierigsten ist dabei sicherlich der Umgang mit den eigenen Gefühlen – sind sie es doch, weshalb wir uns wieder und wieder für eine Liebesbeziehung öffnen. Nicht zuletzt liegen Haß und Liebe, Vertrauen und Eifersucht, Zärtlichkeit und Schmerz deswegen so dicht beieinander, weil uns der Abstand fehlt – vor lauter Nähe.

Doch wollen wir nur einen kleinen Schritt weiterkommen, müssen wir unseren Verstand einsetzen, müssen wir Verständnis schaffen, auch wenn uns Projektionen, Identifikationen und andere unbewußte Abwehrmechanismen tagtäglich daran hindern. Umgeben von gesellschaftlichen Normen und Regeln, entfernen wir uns ansonsten immer mehr von einem verantwortungsvollen Umgang mit unserer Freiheit, die nur darauf wartet, erkannt und genutzt zu werden – sowohl zu unserem wie auch zum Wohle unseres Partners.

Somit kann dieses Buch weit mehr sein als nur eine interessante Lektüre: es kann ein Beitrag zugunsten einer neuen Kultur des Miteinander sein, sich selbstbewußt zu begegnen – in gegenseitigem Respekt.

Mit seiner klaren und logischen Denkweise ist Hermann Meyer der Pionier einer ganzheitlichen Psychologie, die dem Menschen seine Eigenverantwortung zurückgibt. Ob in seinem Klassiker »Die Gesetze des Schicksals« oder der »Lebenschule« – einem Schatzkästchen voller wertvoller Lebenshilfen –, er versteht es, einem die Augen zu öffnen für lebensnahe Einsichten in die Wirkungsweise menschlichen Handelns.

Auch in dem vorliegenden Band geizt er nicht mit verblüffenden Erkenntnissen, brillanten Schlußfolgerungen und mutmachenden Perspektiven, auch wenn er weiß, daß er mit einigen seiner Ausführungen so manchen wunden Punkt berührt.

Ein Buch also, das zu Diskussionen anregt – und auch anregen soll. Schließlich bekommt jeder den Autor, den er verdient.

Wiesbaden, im Mai 1997　　　**Thomas Witzel**
　　　　　　　　　　　　　　Redakteur und Autor

Denkvoraussetzungen

*Es gibt kein negatives Schicksal,
das einem zugeteilt wird,
es gibt nur Unfähigkeiten und
Verdrängungen*

Das Anlagen-Modell

Unfähigkeiten erkennen, um fähig werden zu können

Ein Sprichwort sagt: Jedes Volk hat die Politiker, die es verdient. Man kann den Faden jedoch auch noch weiter spinnen und sagen:
 Jeder hat den Arbeitsplatz, den er verdient. Jeder hat die Wohnung, die er verdient. Und last not least:
 Jeder bekommt den Partner, den er verdient.
 Sind solche Behauptungen nicht makaber und zynisch, ein Hohn gegenüber allen Arbeitslosen, gegenüber den Menschen, die über beengte Wohnverhältnisse klagen oder gegenüber all denjenigen, die unter einem hinterlistigen oder gar rabiaten Partner leiden?
 Mitnichten! Dieses Buch will nicht anklagen oder gar im Sinne eines reaktionären Gedankengutes dem Mitmenschen eine Schuld zuweisen, zumindest nicht eine »Schuld« im Sinne einer Erbsünde oder einer »Schuld« im Sinne von Moral und Konvention.
 Man könnte so sagen: Es gibt *Ursachen* für Mißgeschick, Mißerfolg und Unglück. Aber damit verbunden ist in den meisten Fällen keine Schuld im rechtlichen Sinne, sondern die Tatsache, daß der Betreffende *dem Leben etwas schuldig geblieben ist*, d. h., es gelang ihm nicht, die wertvollen Anlagen und Fähigkeiten seiner wahren Natur zu entwickeln und

einzusetzen. Und gerade dies wäre notwendig, um im Leben ein angenehmes Schicksal zu erwirken.

Genauso wie Geld nicht unter dem Kopfkissen aufbewahrt werden sollte, sondern investiert werden muß, damit es Gewinn bringen kann, so müssen die Anlagen und Fähigkeiten der menschlichen Natur eingesetzt werden, damit wir – auf welchen Lebensgebieten auch immer – Erfolg ernten.

Diese einfache Tatsache steht jedoch im Widerspruch zu der Erziehung, die ein Großteil von uns genossen hat.

Meist sind wir dazu erzogen worden, brav und anständig zu sein, uns zurückzunehmen, uns anzupassen und unterzuordnen und gerade nicht Anlagen wie Durchsetzungsfähigkeit, selbständiges Handeln oder ein eigenes Vorstellungsvermögen auszubilden.

Hinzu kommt, daß unsere Eltern und Großeltern häufig nicht als Vorbilder für eine wirklichkeitsadäquate Kommunikation, für eine glückliche Selbstverwirklichung oder für Unabhängigkeit und Freiheit fungieren konnten.

Viele von uns haben zu Hause statt realem Durchsetzungsvermögen Aggression und Wut erlebt, statt Sinnfindung religiöse Dogmen, statt Übernahme von Verantwortung Flucht und Sucht . . .

Noch katastrophaler sieht der Einfluß des herkömmlichen Schulsystems aus: es wird am Leben vorbeigelernt.

Man lernt nicht das, worauf es im Leben ankommt, was man wirklich zum Leben braucht. Man lernt nichts über Gesundheitslehre, obwohl man permanent mit diesem Körper leben muß; nichts über Ernährung, obwohl sie täglich auf Körper, Seele und Geist einwirkt; nichts über Psychologie, obwohl man sich doch zeit seines Lebens mit der eigenen Psyche und der der Mitmenschen auseinandersetzen muß; nichts über Soziologie, obwohl man in diese Gesellschaft integriert ist; nichts über gesundes Bauen und Wohnen, obwohl wir uns über die Hälfte der Lebenszeit in unserer Wohnung aufhalten; nichts über Pädagogik, obwohl unsere Kinder die Zukunft der Menschheit bedeuten; nichts über Schicksalskunde, obwohl jeder davon betroffen ist; nichts über Erfolg, obwohl fast jeder ihn erreichen will; nichts über die Gesetze der Kommunikation, obwohl sie in jeder Begegnung von entscheidender Bedeutung sind; und letztendlich auch nichts über Partner- und Beziehungsfähigkeit, obwohl diese Fähigkeit für Glück und Unglück eines Menschen eine so gravierende Rolle spielt.

Aus all diesen Gründen wird klar, daß niemanden eine Schuld trifft, wenn er im Elternhaus und in der Schule nichts oder nur wenig von den menschlichen Anlagen und Fähigkeiten erfahren und ausbilden konnte.

Und dennoch zieht der einzelne aufgrund der daraus resultierenden Anlagendefizite unbewußt negatives Schicksal an. Hat er etwa seine Kommunikationsfähigkeit nur ungenügend ausgebildet, kann sich dies im Berufsleben und in der Partnerschaft ungünstig auswirken. Jede nicht ausgebildete Anlage zieht einen Rattenschwanz an Spannungen, Konflikten und Schwierigkeiten nach sich, beeinträchtigt die eigene Lebensqualität und die der Mitmenschen.

Doch die Crux liegt darin, daß kaum jemand weiß, was ihm fehlt, welche seiner mannigfachen menschlichen Anlagen er noch nicht zur Verfügung hat. Deshalb ist es auch nur wenigen bewußt, warum sie eine »Strafe« erwirkt oder warum sie negative Bedingungen oder Ereignisse angezogen haben. Leider gilt auch im *Rechtssystem des Lebens* derselbe Grundsatz wie im Strafrecht: »Unwissenheit schützt vor Strafe nicht.«

Während man die Regeln und Gesetze der *patriarchalen* Gesellschaft in juristischen Fachbüchern nachlesen kann, blieben die Prinzipien, Spielregeln und Gesetze der wahren Natur und des Schicksals den meisten Menschen bisher verborgen.

Wer die Gesetze des Schicksals* nicht kennt, verhält sich wie einer, der Fußball spielen möchte und noch nie von den Regeln dieses Spiels und den verschiedenen Trainingsmethoden gehört hat.

Er spielt hinter dem Tor weiter, die Außenlinie existiert für ihn nicht, er hilft mit der Hand nach, und die Abseitsregel bleibt ihm völlig fremd. So wird er immer wieder vom Schiedsrichter zurückgepfiffen und weiß nicht warum. Nach einiger Zeit stellt er Vermutungen an, warum der Mann mit der Pfeife immer wieder einschreitet, warum ihm seine Tore aberkannt werden, warum er vom Platz gestellt wird. Einmal glaubt er, er werde bestraft, weil er zu schnell lief, ein anderes Mal, weil er nicht den richtigen Winkel einhielt, und manchmal ist er der Überzeugung, der Schiedsrichter hätte etwas gegen ihn und er sei einfach dessen Willkür ausgeliefert.

Wenn ihm niemand die Spielregeln erklärt, kann es Jahre dauern, bis dieser Fußballspieler sie über den Weg von Versuch und Irrtum endlich erfaßt. Und selbst, wenn er jetzt die Spielregeln beherrscht, fehlt ihm das Training. Er muß Schnelligkeit, Ausdauer, Technik, das Kopfballspiel, Eckbälle, Freistöße und Elfmeterschießen trainieren, sonst hat er bei dem Spiel keine Chance.

Die meisten Schicksalsspieler sind in derselben Lage wie unser Möchtegern-Fußballstar. Sie verstehen die Spielregeln des Lebens nicht, wissen nicht um ihre wertvollen Anlagen und glauben folglich auch nicht daran, diese trainieren zu müssen.

Da wir fast alle an mangelndem Eigenwert leiden, wollen wir uns nicht auch noch einreden lassen, wir wüßten in Sachen Schicksal nicht Bescheid (wo wir doch schon so viele »Erfahrungen« gemacht haben), oder gar, daß wir in

---

* vergleiche auch: Hermann Meyer:
  Gesetze des Schicksals, Goldmann TB

unserem Persönlichkeitssystem irgendwo Mängel oder Defizite hätten.

Deshalb entwickeln die meisten von uns kompensatorisch ein positives Selbstbild, an dem sie unbeirrt festhalten. Manche werden auch noch Anhänger der Ideologie des »Positiven Denkens«, um nur ja nicht mit den eigenen Unfähigkeiten und Fehlern konfrontiert zu werden. Doch das Unbewußte läßt sich nicht täuschen: Es kann sehr wohl unterscheiden, ob das positive Selbstbild nur einem Kartenhaus gleicht, das über einer seelischen Wunde gebaut wurde, oder ob es aufgrund der Ausbildung von Anlagen und Fähigkeiten wirklich gewachsen ist.

Um ein guter Schicksalsspieler zu werden, muß man von seiner Vogel-Strauß-Politik Abstand nehmen und zuerst einmal seine Unfähigkeiten bzw. seine nicht entwickelten Anlagen erkennen. Und wer eine erfüllende Partnerschaft erleben will, muß zuerst Einsicht in seine Mängel nehmen, ein spezielles Trainingsprogramm entwerfen und es schließlich durchführen.

Er wäre also gut beraten, seine Anlagen und Fähigkeiten nachreifen zu lassen, um sie schließlich in der Partnerschaft erfolgreich investieren zu können (siehe Übersicht S. 19).

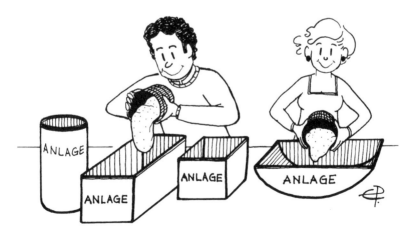

Tut er das nicht, geht es ihm wie Millionen anderer Menschen, die trotz ihrer vielen Defizite voller Sehnsucht auf den einen und wahren Partner warten, mit dem die ideale, harmonische und glückliche Beziehung möglich ist; sie hoffen immer wieder aufs neue und warten vergebens bis ans Ende ihrer Tage.

Was immer wieder dabei auffällt, sind die edlen Reden, die geführt werden: man spricht von Liebe, Vertrauen, Ehrlichkeit und Treue, ohne zu bedenken, daß alle diese wertvollen Eigenschaften nicht eingefordert, sondern *erwirkt* werden müssen.

Es besteht häufig ein eklatanter Unterschied zwischen dem, was jemand sagt, und dem, was jemand zu leben imstande ist. Bewußt glaubt fast jeder, zu einer erfüllenden Beziehung fähig zu sein, doch das Unbewußte weiß besser, was wirklich an Substanz vorhanden ist und was nicht. Deshalb haben oft auch Umfragen und Statistiken wenig Wert, da hier nur das Bewußte der Menschen erfaßt wird, nicht aber die wahren Motive und Programme, die im Unbewußten verankert sind.

So geben etwa viele Frauen vor, emanzipiert zu sein, rutschen aber dann doch nach einiger Zeit, wenn sie mit einem Mann zusammenleben, in das alte Rollenbild ab, aufgrund dessen sie sich Sicherheit und finanzielle Versorgung von ihrem Partner erwarten.

Oder manche Männer tun so, als ob sie aufgeschlossen und progressiv wären und von ihrer Partnerin nicht mehr die traditionelle Frauenrolle mit Kochen, Waschen, Putzen und Kindererziehung erwarten würden, und nach geraumer Zeit merken sie, daß sich bei ihnen dennoch eine große Sehnsucht breitmacht, von ihr genauso wie früher bei der Mutter versorgt und verwöhnt zu werden.

Die Übersicht auf S. 19 zeigt auf, welche Fülle von Anlagen und Fähigkeiten ausgebildet und eingebracht werden muß, um partner- und beziehungsfähig zu werden.

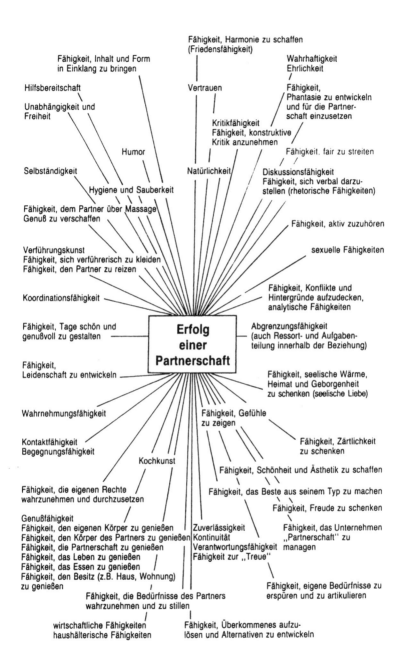

Viele unserer Kursteilnehmer sagen uns immer wieder: wenn wir dies alles schon im Alter von 19 oder 20 Jahren gewußt hätten, hätten wir uns gigantische Umwege, viel Leid, Schmerz oder auch Einsamkeit ersparen können. Doch es gilt, nicht zu verzagen und in einem »Hätte ich doch« oder »Wenn das nicht gewesen wäre« zu verharren, sondern die Dinge hier und heute anzugehen und sich zukünftig mehr Lebensfreude zu bescheren.

Einige Seminarteilnehmer reagieren auf diese Übersicht zunächst mit Resignation. Sie fragen sich: »Wo soll ich bei dieser Komplexität und bei diesen vielen Wechselwirkungen und Vernetzungen anfangen?« Sie sagen: »Da mache ich lieber gar nichts und bleibe bei der vagen Hoffnung, daß ein Wunder geschieht und eine tolle Partnerschaft trotz aller Mängel und Schwierigkeiten möglich wird.«

Doch es ist gar nicht so schwierig, wie es zunächst scheinen mag, seine Partner- und Beziehungsfähigkeiten auszubilden. Es ist im Gegenteil sogar beruhigend, jetzt endlich zu erkennen, was man alles tun muß, um hier Fortschritte zu erzielen. Einige Kursteilnehmer haben die Übersicht auf Seite 19 neben ihre Heiratsurkunde in das Stammbuch der Familie geheftet oder sie als Poster im Wohnzimmer verwendet, um immer einen Anhaltspunkt zu haben, was noch ausgebildet werden muß.

Fazit: Aufgrund des Anlagenmodells der ursprünglichen (ersten) menschlichen Natur ergeben sich völlig andere Sichtweisen und Schlußfolgerungen für die Partnerwahl, für das Zusammenleben als Paar, für Entwicklung und Aufbau einer Beziehung, für Sinn und Intention einer Beziehung, für die wahre Natur des Mannes und der Frau und schließlich auch für das Gelingen oder Scheitern einer Beziehung.

In diesem Zusammenhang wird auch klar, warum jeder von uns den Partner bekommt, den er verdient. Nicht als Folge einer Determination, sondern einer verborgenen

Gerechtigkeit, eines Zufalls im Sinne dessen, daß der betreffende Partner einem aufgrund von Anlagen und Fähigkeiten oder aufgrund von Defiziten und innerseelischen Konflikten zufällt.

Jeder hat also den Partner, den er verdient, aufgrund einer inneren Entsprechung. Die große Chance für denjenigen, der mit seiner Partnersituation unzufrieden ist, besteht nun darin, diese verborgenen Wirkmechanismen zu erkennen und Veränderungen vorzunehmen, um dadurch mehr Liebe und Glück in der Partnerschaft zu erwirken.

Wenn wir nicht ständig hinter dem Glück herjagen würden, hätten wir das schönste Leben.

Die Kollektivneurose und ihre Auswirkungen in der Partnerschaft

Die von Sigmund Freud entdeckten Anpassungs- und Abwehrmechanismen wie Sublimierung, symbolisches Ausagieren, Imitation, Identifikation, Verdrängung, Projektion, Regression, Rationalisierung, Somatisierung und Reaktionsbildung gelten nicht nur für die Sexualität, sondern auch für alle anderen Anlagen und Fähigkeiten des Menschen: man scheint die Anlage oder Lebensenergie nicht so entwickeln zu dürfen, wie man möchte bzw. wie die erste, die wahre Natur des Menschen es vorgesehen hätte, sondern glaubt, sich an das patriarchale System anpassen zu müssen.

Da die jeweilige Anlage daher nur noch auf Moral und Konvention, auf Normen, Ideale, Gebote und Verbote *reagiert*, kann sie sich nicht mehr auf natürliche Weise entwickeln. All diese *Reaktions*muster ergeben summa summarum die zweite Natur des Menschen, seine Neurose, die die erste Natur, das wahre Wesen überlagert und vergessen läßt.

Ja mehr noch! Alle Triebe, Gefühle und Gedanken, die aus der ersten Natur kommen, werden *abgewehrt*. Man unterdrückt und verdrängt ständig die innere Stimme, die Stimme des Lebens, die Stimme der ersten Natur, um die eigene Neurose und damit die »Vernunft« aufrechtzuerhalten und die Norm zu erfüllen. Da dieses Verhalten so weit verbreitet ist und so zum ganz normalen Wahnsinn geworden ist, kann man auch von einer Kollektivneurose sprechen.

Was wird in der Kollektivneurose abgewehrt?

1. Lebendigkeit,
2. Wachstum und Entwicklung,
3. das Wissen um eigene ursächliche Beteiligung an Krankheit, Unglück und Leid (Verdrängung des Verursacherprinzips),
4. die Einsicht in das Unbewußte (in eigene Ängste, Hemmungen, Blockaden, Defizite, Überkompensationen),
5. die Einsicht, daß man für die grundlegenden Ziele wie glückliche Beziehung oder beruflichen Erfolg Fähigkeiten braucht,
6. die Ausbildung von Anlagen,
7. die Infragestellung des bisherigen Rechts- und Gesetzeskodex,
8. die Infragestellung und Relativierung der Ideale der patriarchalen Gesellschaft,
9. die Umwandlung des Moralkodex in den Gesetzeskodex der Natur bzw. des Lebens,
10. daß Zeit Lebenszeit und insofern unbezahlbar ist.

Durch Abwehr gelingt es also der Neurose, sich gegenüber der eigenen Infragestellung, Auflösung und Heilung zu schützen.

Wenn das wirkliche Leben abgewehrt wird und an dessen Stelle nur ein Ersatzleben tritt, nur ein Abklatsch dessen, was möglich gewesen wäre, dann hat dies Frustration zur Folge.

Diese Hemmungen und Frustrationen wiederum schreien förmlich danach, kompensiert zu werden. Weil man seine

Anlagen und Fähigkeiten nicht entwickeln und verwirklichen konnte, will man dafür entschädigt werden. Man will mehr und besser sein als die anderen, Anerkennung und Achtung erlangen.

Welche Mittel und Strategien werden eingesetzt, um in der Kollektivneurose anerkannt zu werden?

Ansehen innerhalb der Kollektivneurose durch

- Markenkleidung sowie modische Kleidung
- Aufsuchen von Feinschmecker- und Nobelrestaurants
- gewisse Automarken
- bestimmte Speisen (Hummer, Kaviar, Lachs etc.) und Getränke (Champagner etc.)
- hohe berufliche Position oder die des Partners (oder Kindes)
- Freunde und Bekannte von Rang und Namen
- Mitgliedschaft in exklusiven Clubs
- Antiquitäten oder Designermöbel
- Einkauf nur in Feinkostläden
- Bilder und Kunstgegenstände von berühmten Malern und Künstlern
- Hören von klassischer (»guter«) Musik
- Lesen von Belletristik-Bestsellern und von Werken der Weltliteratur
- Urlaubsaufenthalte »in the high places of the world«
- Besuch von Opern, Konzerten und Vernissagen
- Interviews bei Presse, Rundfunk, Fernsehen
- Sportarten wie Polo, Golf (früher Tennis), Reiten

Manche der Dinge, die oben aufgeführt sind, können sicher angenehme Gefühle auslösen und viel Freude bereiten. Problematisch wird dies jedoch dann, wenn man zwar all dies erreicht hat, aber im Streben nach Ruhm und Ehre versäumt hat, sich seelisch und geistig weiterzuentwickeln und als *Mensch* erfolgreich zu werden. In diesen Fällen bleibt der Betreffende trotz äußeren Wohlstands unerfüllt und unglücklich.

Wenn die Seele des Menschen durch die Normen und Ideale der Kultur eingeengt wird, schlägt sich dies auch im Lebensstil nieder. Die innere Situation wird außen widergespiegelt. Die Abwehr der ersten Natur des Menschen gelingt effizient durch vier Vorgaben, die ohne Wenn und Aber erfüllt werden sollen und die kaum jemand in Frage zu stellen wagt:
– entfremdete Arbeit (ganztags)
– herkömmliche Form der Kindererziehung
– herkömmliche Form der Haushaltsführung
– herkömmliche Form der Beziehung

Wie soll man sich als freier Mensch verwirklichen können, wenn man ganztägig berufstätig ist, wenn man sein Kind alleine aufziehen, seinen Haushalt alleine führen will, wenn man noch an das Ideal glaubt, in einer Beziehung alles gemeinsam machen zu müssen?

Man kann auf diese vier Grundpfeiler der Kollektivneurose nur *reagieren* und tut dies meist über bewußte und unbewußte Fluchtmechanismen. Die Frage beim einzelnen ist nur: wovor hat er mehr Angst, und wohin flieht er deshalb?

Wer Angst vor der hierarchisch strukturierten Arbeitswelt hat und vor den dort entfremdeten Tätigkeiten, der flieht lieber in Haushalt und Kindererziehung; wer Angst davor hat, immer kochen, waschen, putzen und beim Kind bleiben zu müssen, der flieht wiederum in die Arbeitswelt und erhofft sich dort mehr Freude und Lebensglück. Oder: wer Bindungsängste hat, wird eher zum Workaholiker, als daß er in einer herkömmlichen Zweierbeziehung ausharrt. Den Fluchtwegen der 1. Ebene der Kompensation (siehe Grafik S. 27) ist eines gemein, daß man nirgends auch nur eine Minute für sich beanspruchen kann. Man soll nur für die Firma oder Institution, für sein Kind, für den Haushalt oder für den Partner da sein und nichts eigenes fühlen, denken oder unternehmen.

Wohin auch immer man flieht – es ist eine Flucht vor sich selbst.

DAS LABYRINTH DER KOMPENSATION

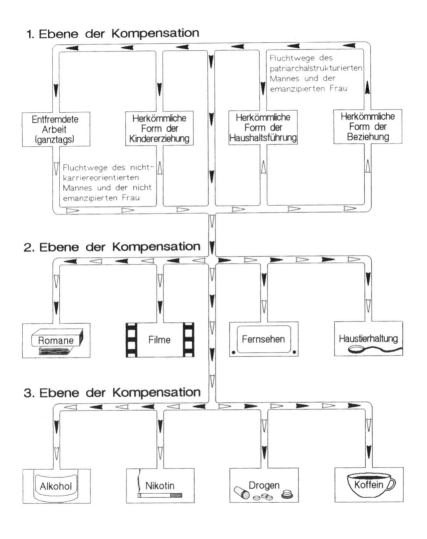

Es kann sehr frustrierend sein, ganztags jahraus, jahrein arbeiten zu müssen oder, aufgrund eines Kindes, als Frau und Mutter keinen klaren Gedanken mehr fassen und kein Eigenleben mehr führen zu können. Ebenso wenn man die ganze Zeit nur für den Haushalt zuständig sein muß oder permanent mit einem Partner auf engstem Raum (siehe heutige Wohnsituation) zusammensein und ihm alle Zeit widmen muß.

Im Grunde hat man nur die Qual der Wahl, für welche Ebene des Labyrinths man sich entscheidet.

Meistens entscheidet man sich für die Lebensform, die man bisher noch am wenigsten kennt, und erlebt dann im Laufe der Zeit auch dort dieselbe Frustration, der man vorher entfliehen wollte.

Es gibt jedoch auch noch Fluchtwege in der 2. und 3. Ebene der Kompensation (siehe Grafik Seite 27). So kann man aus einer tristen Zweierbeziehung in Liebesromane, aus einer unbefriedigenden Arbeitssituation in die Fernsehwelt oder aus einem unerfüllten Hausfrauendasein in die Welt der Spielfilme fliehen.

Solange man den oben genannten vier genormten Lebensmustern Glauben schenkt, solange man sich voll und ganz mit den vorgegebenen Lebensprogrammen der Kollektivneurose identifiziert, gibt es keinen Ausweg. Man geht im Kreis, weil man die Welt der Neurose als die Welt schlechthin betrachtet und daher um die Existenz der wahren, der ersten Natur nicht weiß.

Es geht also darum, sich von den einengenden Normen und dem knechtenden Ideal zu verabschieden und statt dessen neue Modelle des Arbeitens, der Kindererziehung, der Haushaltsführung und der Partnerschaft zu entwickeln. Diese neuen Modelle dürfen nicht mehr pauschalen Charakter haben, sondern müssen auf die Individualität des einzelnen zugeschnitten sein.

Wie kann so etwas im Arbeitsleben, in der Kindererziehung, in der Haushaltsführung und in der Partnerbeziehung aussehen?

Dazu einige Stichpunkte:

Arbeitsleben:

Während die einen unter der Last der vielen Arbeit stöhnen, suchen Millionen anderer händeringend nach einem Job, der ihre Existenz sichert.

Es wäre daher sinnvoll, die Arbeit auf alle zu verteilen. Auf diese Weise wäre es möglich, daß viele Menschen nur noch halbtags arbeiten müssen und damit mehr Lebensqualität erfahren könnten. Durch die daraus resultierende Zufriedenheit muß weniger konsumiert werden, so daß der Halbtagsjob ohne weiteres den Lebensunterhalt gewährleistet.

Der Mut, von der Ganztagsarbeit auf Halbtags- oder Teilzeitbeschäftigung umzusteigen, wirkt beispielgebend und treibt so die kollektive Entwicklung voran.

Kindererziehung:

Nach herkömmlicher Meinung muß eine Mutter immer für ihr Kind da sein. Es wird von ihr erwartet, daß sie sich für das Kind aufopfert und daß sie ihr Eigenleben zurückstellt. Tut sie das nicht, gilt sie als Rabenmutter. Ferner wird in diesem Zusammenhang behauptet, daß in einem solchen Fall das Kind psychische Schäden erleiden würde.

Man betrachtet dabei nur die Mütter, die ihre Kinder vernachlässigen, aber man spricht nie von den Millionen von

Opfern des Mutterideals, das Neurotiker am laufenden Band züchtet.

»Nichts wirkt seelisch stärker auf die Kinder als das ungelebte Leben der Eltern«, sagt C. G. Jung.

Da die Mutter eigene Anlagen nicht ausbilden durfte oder konnte, kann sie auch kein Vorbild für die Selbstverwirklichung des Kindes sein. Sie wird im Gegenteil die Entfaltung all der Anlagen, die sie in sich selbst unterdrückt, auch im Kind nicht zulassen. Deshalb wäre es wichtig, daß Frauen und Mütter entlastet werden und selbst mehr Möglichkeiten gewinnen, ihr Leben erfolgreich zu gestalten.

Hierfür kann das »Tagesmuttermodell« oder die »Betreuungsrotation« eine wertvolle Hilfe sein: zwei oder mehr Mütter einer Straße oder eines Wohnviertels schließen sich zusammen, um abwechselnd die Kinder zu betreuen. Auf diese Art und Weise wäre eine Frau nur jeden zweiten Tag oder – je nach dem, wie die gemeinsame Planung es zuläßt – noch seltener in der Woche für die Kinderbetreuung zuständig. Über die restlichen Tage der Woche könnte sie frei verfügen, könnte lesen, sich weiterbilden, Schulen besuchen, sich politisch engagieren, arbeiten, Sport treiben, sich amüsieren, und hätte Zeit für die Liebe und und und . . .

Da sie sich mehr verwirklichen kann und dadurch glücklicher ist, kehrt sie ausgeglichener und entspannter wieder zu ihrem Kind zurück.

Haushaltsführung:

Eine Alternative zur herkömmlichen Haushaltsführung stellt die Bioeigentumswohnanlage mit Restaurant dar. Das Konzept hierfür sieht so aus:

Man verabschiedet sich von dem herkömmlichen Grundriß von Küche, Eßzimmer, Wohnzimmer und Schlafzimmer und besinnt sich auf das Wesentliche, d. h. man braucht nur noch ein eigenes Zimmer mit etwa 25 qm, einen zweiten Raum mit etwa 15 qm (Arbeitsraum oder Kinderzimmer), ein Bad mit rund 10 qm und einen großen Balkon oder eine Terrasse. Aufgrund des integrierten Restaurants (mit Aufenthalts- und Fitneßraum), das nur für die Bewohner und deren Besucher geöffnet ist, erübrigen sich Küche und Eßzimmer. Da durch mehr Selbstverwirklichung auch die Prestigeversessenheit abnimmt, fällt schließlich auch das teure Wohnzimmer weg. Es macht schließlich einen Unterschied, ob man eine Eigentumswohnung mit 50 qm oder mit 100 qm finanzieren muß. Der einzelne kann dadurch schnell die entsprechende Summe abzahlen und sich von Vermieter, Bank und Partner unabhängig machen – und schließlich auch seine Arbeitszeit reduzieren. Es handelt sich also dabei um eine Synthese zwischen den Bedürfnissen nach Individualität und nach Gruppenzugehörigkeit. Jeder kann sich in sein Nest zurückziehen, kann aber auch, wenn er Lust hat, die Gruppe für Sport, Spiel, Spaß und Diskussion aufsuchen.

Die weitverbreitete Isolation von Singles und Kleinfamilien geht zu Ende.

Quasi als Nebeneffekt fallen bei diesem Konzept auch die nicht enden wollenden, zeitraubenden Hausarbeiten vom Einkaufen über das Kochen bis hin zum Abspülen und Abtrocknen weg. Keiner muß mehr extra den Haushalt führen – von einigen Kleinigkeiten wie Tee oder Kaffee kochen oder wöchentlichem Staubsaugen abgesehen.

Es liegt keine Wohnraum-, Energie- und Zeitverschwendung mehr vor. Der Mensch hat wieder Zeit für sich, Zeit für die Liebe, Zeit, »wirklich« zu leben. Wenn Paare in die Bio-Eigentumswohnanlage einziehen, kaufen sie meist zwei Wohnungen nebeneinander. Dazwischen ist eine Verbindungstüre angebracht, die je nach Bedürfnis oder nach Lust und Laune offensteht oder geschlossen bleibt.

Da der bisherige Zankapfel Alltag – bis auf wenige Restbereiche – wegfällt, hat dies weitere positive Konsequenzen.

In der Wohnanlage ist kein weibliches Wesen mehr gezwungen, die traditionelle Frauenrolle zu übernehmen. Die Frau ist frei von dem steten Erwartungsdruck, jeden Tag ein warmes Essen auf den Tisch zu bringen, frei von allen Verpflichtungen, die ein Haushalt mit sich bringt. Jetzt erst ist sie in der Lage, sich in einem wirklichen Sinne zu emanzipieren.

Ebenso günstig gestaltet sich das Bild für den Mann: endlich ist er bezüglich Haushaltsführung unabhängig.

Solche (nach baubiologischen Gesichtspunkten gebaute) Wohnanlagen mit maximal drei Stockwerken und großzügigen blumengeschmückten Balkonen und Terrassen sollten in jeder Stadt durch neu zu bildende Interessengemeinschaften* initiiert werden.

Partnerbeziehung:

Siehe unter Lösungsmöglichkeiten, Seite 193 ff

---

* Wer sich in München, Hannover und Luzern dafür interessiert, wende sich an:
Akademie für Persönlichkeitsentfaltung
Interessengemeinschaft
»Bioeigentumswohnanlage«
Sendlinger Straße 28, 80331 München,
Tel. 089/2608842

Sieben Gründe, warum es in der Kollektivneurose keine gute Partnerschaft oder Ehe geben kann

Die Übersicht auf Seite 19 zeigt auf, daß für eine erfolgreiche und glückliche Beziehung immer eine Fülle an Fähigkeiten und Voraussetzungen bei *beiden* Partnern vorhanden sein muß.

Da jedoch in Elternhaus und Schule die meisten dieser Anlagen und Fähigkeiten nicht erlernt werden konnten – da auch unseren Eltern und Lehrern niemand sagte, welches Potential und welche Möglichkeiten in der menschlichen Natur schlummern –, beginnt man üblicherweise eine Beziehung zum anderen Geschlecht mit einer Unmenge an Defiziten.

Das Diabolische daran ist, daß gerade all diese Defizite vor dem geistigen Auge ein Traumbild von einer Beziehung entstehen lassen, das – da fast alle Menschen diese Defizite aufweisen – zu einem Mythos werden konnte.

Obwohl man an allen Ecken und Enden sieht, wie Beziehungen und Ehen scheitern, hält man dennoch daran fest und glaubt – selbst wenn man schon schlechte Erfahrungen gemacht hat –, daß die erträumte Beziehung möglich wäre. Die Übersicht *Erfolg einer Partnerschaft* (Seite 19) macht klar, daß hier fast alle einer Illusion nachjagen. Wie soll denn dies möglich sein, wenn man in der Schule nur Latein, Altgriechisch, Erdkunde, Geschichte und Mathematik gelernt hat?

Wie soll denn dies im Bereich der Realität liegen, wenn man zu Hause nie ein konstruktives Gespräch oder eine interessante Diskussion erlebt hat?

Da die Anlagen, Fähigkeiten, Energien und Rahmenbedingungen gar nicht vorhanden sind, ist der Versuch, eine interessante, erfüllende Partnerschaft zu führen, vergleichbar mit einem Experiment, bei dem jemand mit einem Motorrad zum Mond fliegen will.

So wie man ein Kind glauben macht, daß es einen Weihnachtsmann oder einen Osterhasen gibt, so wird einem später eingeredet, es gäbe sie, die glückliche Beziehung.

Und genauso wie der Traum der Nüchternheit Platz macht, daß nicht das Christkind zu Weihnachten die Gaben beschert, sondern Vater und Mutter, genauso wäre es notwendig, die Seifenblase der »glücklichen Beziehung« platzen zu lassen, realistisch zu erkennen, daß man auch hier getäuscht worden ist, daß es diese glückliche Beziehung *nicht in der herkömmlichen Form* geben kann.

Die erfüllende Beziehung, nach der sich fast alle Menschen sehnen, kann es – solange man im Denkgebäude der Kollektivneurose verharrt – nicht geben,

1. weil – wie oben festgestellt wurde – in der Kollektivneurose kaum jemand über all die Anlagen und Fähigkeiten verfügt, die für eine gut funktionierende Beziehung notwendig sind.

2. weil beim Zusammenleben jeder Mangel an einer Fähigkeit den Partner und die Beziehung schlechthin belastet.

Ist es z.B. einem der beiden Partner nicht möglich, Einfühlungsvermögen oder Humor zu entwickeln, müssen zwangsläufig der Partner und die Beziehung darunter leiden.

Selbst wenn der Humor die besondere Stärke des einen darstellt, nützt ihm dies wenig, wenn er damit keine Resonanz beim anderen erzielt. In dieser Partnerschaft ist es so, als ob er den Humor nicht hätte.

Er wird in bezug auf diese Anlage auf das niedrige Niveau des anderen gezogen.

Dies verhält sich mit fast jeder Anlage so, seien es erotische Fähigkeiten, die Fähigkeit, Tage schön und genußvoll zu gestalten, intellektuelle Fähigkeiten oder die Fähigkeit, fair zu streiten.

Wenn der Partner nicht mitmacht, ist alles für die Katz, verpufft jede Energie.

Noch ungünstiger gestaltet sich das Bild, wenn einer der Partner oder gar beide außer mangelnden Fähigkeiten (das wäre noch eher zu verkraften) noch eine oder mehrere pervertierte Anlagen bzw. Energien in die Beziehung einbringen, etwa Trotzverhalten, hysterische Komponenten, Nörgelei oder Rechthaberei.

Ein einziger falscher Ton stellt schon das ganze Orchester (Partnerschaft) in Frage.

3. weil die angestrebte Form der Beziehung (Zusammenleben, gemeinsame Wohnung, gemeinsames Schlafzimmer, Treue bis in den Tod etc.) nur zu den Defiziten paßt.

Diese konventionelle Form ist das Komplementär- und Idealbild zu den eigenen Defiziten und als solches unwirklich.

Die Tatsache, daß fast alle Menschen in der westlichen Hemisphäre diese Form anstreben, macht einen glauben, daß diese Form normal und natürlich wäre.

Man ist dann überzeugt, daß man mit dem eigenen Fühlen und Denken gar nicht so verkehrt liegt. Wenn man dann einen Partner kennenlernt, der schon einige Fähigkeiten ausgebildet hat und deshalb Abweichungen vom üblichen Muster (z.B. drei Tage in der Woche nur für sich sein zu wollen) vorschlägt, fällt man aus allen Wolken. Man unterstellt ihm, daß er einen nicht mehr liebt, daß er zu echter Nähe nicht fähig wäre oder daß er psychisch gestört sei.

Man fragt dann seine Bekannten und Verwandten, und die fällen ein eindeutiges Urteil: »Der ist doch nicht normal! Der hat sie nicht mehr alle!«

Man fühlt sich durch die Norm bestätigt und in seiner Ansicht oder Meinung bestärkt.

Was man in diesen Kreisen nicht weiß: wenn jemand sich als Mensch weiterentwickelt, paßt die alte Form der Partnerschaft nicht mehr. Diese Form ist für ihn dann wie ein zu enges Korsett, das schmerzt, weil er aus ihm längst herausgewachsen ist.

4. weil es nicht von ungefähr kommt, daß viele Paare sich nur so lange gut verstehen, solange sie getrennt wohnen. Wenn man sich nur an bestimmten Tagen der Woche sieht, freut man sich auf den anderen, freut sich auf die Zärtlichkeit und den Sex. Dann ist noch das gewisse Prickeln da, dann ist alles noch spannend und aufregend, dann hat man sich noch etwas zu erzählen.

Die Situation verändert sich oft abrupt, wenn die beiden dann zusammenziehen. Der Eros stumpft ab, der Partner wird entmystifiziert, es wird langweilig und uninteressant, auch wenn man noch – um der Norm zu genügen – so tut, als hätte man eine tolle Beziehung.

5. weil jeder Mensch ein *eigenes* Revier braucht. Eine These des Kommunismus lautet: Eigentum ist Diebstahl! Doch in Wirklichkeit gehört Besitz und ein eigenes Territorium zur biologischen Grundausstattung des menschlichen Lebens. Der Verhaltensforscher Desmond Morris schreibt in seinem Buch *Der Mensch, mit dem wir leben:* »Besitz im Sinne von Raum, den man besitzt und der als solcher gekennzeichnet wird, ist eine spezielle Form des Verteilersystems, das Kämpfe eher verhindert, als daß es sie verursacht. Die Errichtung von territorialen Rechten schränkt das Dominanzstreben geographisch ein. Selbst wenn ich schwach und unintelligent bin und Sie mir, wenn wir uns auf neutralem Grund begegnen, überlegen sind, kann ich doch meine dominierende Rolle herzhaft genießen, sobald ich mich auf meine private ›Basis‹ zurückziehe. Auch das bescheidenste Heim ist eine Burg!

Jedes Territorium muß als solches gekennzeichnet werden, damit dieser Abwehr- und Schutzmechanismus wirkt. So wie der Hund sein ›Revier‹ markiert, indem er sein Bein an bestimmten Bäumen hebt und seine ›persönliche Duftnote‹ hinterläßt, so verbreitet auch der Mensch überall in seinem Territorium symbolisch seine persönliche Note.«

Und an anderer Stelle schreibt er: »Es gibt natürlich größere Revierschwierigkeiten dort, wo die Menschen in einem Raum zusammenarbeiten müssen. Sitzt man eng beieinander, entsteht ein gewisser Druck auf die unsichtbaren Grenzen unseres persönlichen Umraums, und es ist schwierig, sich auf die Arbeit zu konzentrieren. Dieses Problem wird durch Abschirmung gelöst. Am besten kann man sich natürlich durch einen kleinen Privatraum abschirmen – in einer Studentenbude, einem Privatbüro, einem Arbeitszimmer oder einem Atelier, die Besitzer anderer privater Territorien bleiben auf diese Weise unsichtbar. Das ist für jede Art individueller Arbeit die ideale Situation, aber diejenigen, die sich einen Raum teilen müssen, genießen diesen Luxus nicht. Sie müssen sich sozusagen symbolisch abschirmen. In manchen Fällen können sie kleine Barrieren mit Hilfe von Wandschirmen oder Trennwänden errichten, die die unsichtbaren Grenzlinien ihres persönlichen Umraums sichtbar machen.«

Wie sieht es nun mit dem Recht auf ein eigenes Revier in der Paarbeziehung aus? Es ist schlichtweg eine Katastrophe! Nachdem man zusammen einen Hausstand gegründet hat, tun viele Paare so, als wäre Kommunismus in der Partnerschaft möglich. Von nun an gehört beiden Partnern alles gemeinsam. Jegliches Eigentum fließt gewöhnlich in den gemeinsamen Haushalt ein. Jeder Stuhl, jeder Tisch, jedes Glas, jeder Blumentopf, jeder Löffel und jede Gabel gehört jetzt den beiden zusammen.

Besonders verstärkt wird diese Tendenz durch den Einheitsgrundriß der herkömmlichen Architektur, die fast überall nur Gemeinschaftsräume vorsieht – Küche, Eßzimmer, Wohnzimmer, gemeinsames Schlafzimmer, Bad und WC. Lediglich dem Auto gewährt man ein eigenes großzügiges Zimmer (Garage) von meist über 25 qm und damit die Möglichkeit zur »Individuation«.

Da der Reviertrieb unter den gegebenen Rahmenbedingungen nicht befriedigt werden kann, beginnen schon bald nach Bezug der gemeinsamen Wohnung die ersten Revierkämpfe. Letztere werden als solche nicht erkannt, sondern man leidet dann unter der Fixierung, der Unnachgiebigkeit, der mangelnden Kompromißbereitschaft, dem Machtgebaren oder dem Egoismus des anderen. Oft werden ganz triviale Dinge vorgeschoben, um von der tatsächlichen Problematik abzulenken. Die Vehemenz, mit der dabei jedoch gekämpft wird, läßt erkennen, daß es hier um etwas Grundlegendes geht, um den Territorialinstinkt des Säugetieres Mensch.

Die stete Verdrängung des Prinzips des persönlichen Eigentums und des persönlichen Reviers bewirkt Aggression und Streit sowie mannigfache Krankheiten und Leid. Da man jedoch nicht weiß, woher all die vielen Aggressionen und all das seelische Leid kommen, schiebt man gewöhnlich die Schuld jeweils auf den anderen. Man glaubt, es müsse an ihm liegen, da man früher doch ein ganz friedliebender Mensch war.

Man ist überzeugt, es wäre nur der Partner, der einen nervt, der einen so verrückt macht, der solche Wut und Aggression bei einem auslöst, daß man aus der Haut fahren könnte, und erahnt nicht im geringsten die Zusammenhänge.

Schließlich trennt man sich vom Partner, läßt sich scheiden, weil es einfach nicht mehr geht und man wieder zur Ruhe kommen will.

Nach der Trennung haben beide wieder ihr separates Revier, *hat jeder wieder seine eigene abgeschlossene Wohnung,* und siehe da: nachdem die Wunden geheilt sind, verstehen sich die beiden – komischerweise oder natürlicherweise, je nach Blickwinkel – wieder besser miteinander.

Dies ist im Grunde nicht verwunderlich, denn, wie beim Krankheitsgewinn aus der Sicht der psychosomatischen Medizin, ist das Ziel, worauf man mit all den Streits und Kämpfen unbewußt hinauswollte, erreicht worden: der Reviertrieb eines jeden einzelnen ist nun wieder befriedigt.

Wen wundert es da noch, wenn man die vielen Singlewohnungen sieht, die in den Großstädten den Mammutanteil ausmachen?

Unter all den aufgeführten Gesichtspunkten erstaunt es nicht, warum so viele Singles immer wieder mit ihren Partnerschaften scheitern und warum es eine Illusion bleiben muß, wenn man glaubt, mit einem anderen Partner käme man besser zurecht, gäbe es weniger Haß und weniger Streitereien.

Solange die Grundrisse der Wohnungen immer nur auf Gemeinsamkeit zugeschnitten werden und der feste Glaube besteht, man müsse es unter den vorgegebenen materiellen und seelischen Bedingungen der Norm schaffen, kann auch nicht annähernd die glückliche Beziehung erreicht werden, von der viele Singles Tag und Nacht zu träumen pflegen.

6. weil zwei Wesen, die primär ihre Abwehr- und Anpassungsmechanismen leben und alle Energie aufwenden, um das Lebendige und die individuelle Eigenart in sich zu unterdrücken, niemals glücklich werden können.

»Günstigstenfalls« hat der Partner eine ähnliche Art, Zerstreuung zu suchen und bedient sich derselben Ablenkungs- und Abwehrmechanismen wie der andere. Wenn beide Partner gerne einkaufen oder ins Kino gehen, am Wochenende verreisen, skilaufen oder segeln wollen, trifft sich das gut und verstärkt zunächst das Zusammengehörigkeitsgefühl. Vom Gesichtspunkt der Entwicklung aus gesehen, ergeben dieselben Interessen allein jedoch langfristig keine tragfähige Beziehung. In solchen Fällen werden der Partner sowie die Partnerschaft schlechthin gebraucht, um noch mehr von einer persönlichen und kollektiven Analyse, von Kontemplation und Reflexion abzulenken, um vom eigenen Selbst noch mehr fliehen zu können – gemeinsam flieht sich's besser –, also um die eigene Entfremdung noch zu verstärken und zu vertiefen.

Es entsteht – passend zur entfremdeten Arbeitswelt, in der man sich Tag für Tag verleugnen muß – eine entfremdete Beziehungswelt, in der beide Partner mithelfen, sich gegenseitig ihrer wahren Natur zu entfremden.

Die beiden Partner lernen sich auf diese Art und Weise nie in ihrem wirklichen Wesen kennen, selbst wenn sie 40 oder 50 Jahre zusammen sind. Sie lernen sich ja nur in ihren

Abwehr-, Anpassungs- und Fluchtmechanismen kennen und halten diese fälschlicherweise für ihr wahres Wesen.

Insofern gibt es für jeden Menschen zwei Partner: einen, der zur individuellen Neurose paßt, und einen, der der eigenen wahren Natur entspricht.

Solange man sich von seinen individuellen Neurosen (innerhalb der Kollektivneurose) nicht befreit hat, kann man jedoch leider den Partner, mit dem eine wesensmäßige Übereinstimmung im Sinne der ersten Natur besteht, nicht erkennen. Man kann mit diesem Seelenpartner nichts anfangen, weil man sich noch in seinem alten Wertesystem befindet und die eigene Wahrnehmung dadurch stark getrübt ist.

7. Aufgrund der 7 PHASEN DER IDENTIFIKATION verändert sich das Bild vom Partner, selbst – oder gerade – wenn die anfängliche Sympathie unerschütterlich zu sein scheint.

So begegnet man nach langer Zeit einem früheren Freund wieder, den man aus den Augen verloren hatte. Ganz begeistert erzählt er von einer neuen Freundin, die er vor einer Woche kennengelernt hat. Es scheint so, als habe er wieder einmal den Himmel auf Erden in seiner neuen Partnerschaft gefunden. Als man ihn Monate später wiedersieht, wirkt er resigniert, fast schon apathisch. Müde winkt er ab beim Thema Partnerschaft. Was ist inzwischen geschehen? Wahrscheinlich hat er wieder einmal wie schon so häufig in seinem Leben die sieben Phasen der Identifikation durchlaufen:

Phase 1: Euphorische Phase
Phase 2: Phase des Erkennens der Realität
Phase 3: Stagnationsphase
Phase 4: Frustrationsphase
Phase 5: Reduktionsphase
Phase 6: Resignationsphase
Phase 7: Apathische Phase

Die sieben Phasen der Identifikation beschreiben die Prozesse, die ablaufen, wenn man sich mit einer Person oder einer Sache identifiziert und sich schließlich eines Tages wieder davon lösen muß.

Bei der Identifikation handelt es sich um einen Anpassungs- und Abwehrmechanismus. Man paßt sich an ein fremdes (Werte-)System an und wehrt damit zugleich seine ureigene Identität ab, deren Wesen, Struktur und Intention vielleicht ganz anders gelagert ist. Da eine Identifikation einer Abwehr der eigenen Identität gleichkommt, entspricht sie einer »falschen« Projektion. Darum müssen Mechanismen in Gang kommen, die diese Selbstlüge oder scheinbare Identität wieder aufzulösen vermögen.

Wenn die sieben Phasen der Identifikation absolviert worden sind, besteht die Chance, daß zu guter Letzt doch noch die eigene Identität zum Vorschein kommt.

Betrachten wir die sieben Phasen der Identifikation etwas näher:

1. Euphorische Phase

In der euphorischen Phase fühlt man sich »high«. Man hat das Gefühl, endlich das gefunden zu haben, was man schon immer wollte. Man schwebt durch die Räume, ist begeistert von sich selbst und der Welt schlechthin. Man nimmt nur noch das Positive wahr – Negatives, Unstimmigkeiten und Divergenzen, aber auch eigene Ansprüche werden verdrängt. Man paßt sich an, aber die eigene Anpassung wird nicht bewußt erlebt, sondern man glaubt, man würde es gerne tun und ist der Überzeugung, daß man seine Identität gefunden hätte. Die euphorische Phase ist also dadurch gekennzeichnet, daß man auf eine Fremdsymbolik projiziert und sie fälschlicherweise für die eigene Identität hält.

In der Partnerschaft sieht das folgendermaßen aus:
Nach einer Phase des Alleinseins und der Einsamkeit oder

nach der Trennung vom bisherigen Partner betritt ein neuer Mann oder eine neue Frau die Bühne des eigenen Lebens. Sofort werden eigene Vorstellungen, Wünsche und unerlöste Persönlichkeitsanteile auf die betreffende Person projiziert. Man will mit dem Partner verschmelzen, will mit ihm zusammen eine Einheit und Ganzheit darstellen. Intensive Liebesgefühle lassen den Partner nur noch im rosaroten Licht erscheinen.

Diskrepanzen in bezug auf Lebensstil und Interessen werden nicht mehr wahrgenommen. Man ist sich sicher, daß dies nun der Mann oder die Frau fürs Leben sei.

Man ist so begeistert vom Partner, daß man Tag und Nacht nur noch an ihn denkt. Auch gegenüber anderen Mitmenschen spricht man fast nur noch von seiner »Brigitte« oder seinem »Heinz«. Durch die ständige Wiederholung des Namens befindet sich auch die gesamte Umwelt wie in einem Brigitte- oder Heinz-Delirium.

Wenn dieses wunderbare Fabelwesen dann allerdings vorgestellt wird, sind Bekannte und Verwandte oft enttäuscht und können beim besten Willen an dieser Person nichts Außergewöhnliches feststellen. In der euphorischen Phase bringen Männer ständig Blumen mit, fahren ihre Freundin zu ihrer Mutter, führen sie zum Essen aus, kaufen ihr neue Kleider und spielen die Rolle des aufmerksamen Kavaliers. Keine Mühe ist ihnen zuviel. Sie tun es gerne und erleben das Glück des Sklaven, der Herrin dienen zu dürfen.

Frauen sind in dieser Phase eine hingebungsvolle und fürsorgende Geliebte, die selbst spätabends ihrem Freund noch eine warme Suppe kocht. Sie empfangen ihn mit den neuesten Dessous, interessieren sich für seine geschäftlichen Belange, fühlen sich in ihn ein und loben ihn, weil er so tüchtig und ehrgeizig ist.

2. Phase des Erkennens der Realität
(Phase der Entmystifizierung)
In dieser Phase erwacht man aus einem wunderschönen Traum. Alles relativiert sich. Man sieht jetzt allmählich auch die Fehler und Schwächen des Partners. Man merkt: Es ist nicht alles Gold, was glänzt, aber man kann damit leben. Der vorherige Traum hat so viel Energie freigelegt, daß man in dieser Phase noch davon zehren kann.

Diese Phase drängt also dazu, die einseitige positive Sichtweise der euphorischen Phase aufzugeben, nicht nur einen Ausschnitt aus der Wirklichkeit zu betrachten, sondern beides zu sehen: Licht und Schatten, Positives und Negatives, Fähigkeiten und Defizite.

Das bedeutet, daß bereits in der zweiten Phase die totale Identifikation mit einer Person oder einer Sache abzubröckeln beginnt. Sofern die eigene Persönlichkeit schon etwas gefestigt ist und über eine gewachsene Toleranz verfügt, kann es sein, daß man die nächsten fünf Phasen nicht mehr zu durchlaufen hat. Man hat sich mit der Realität arrangiert.

In diesem Fall wäre innerhalb der zweiten Phase folgende Vorgehensweise angezeigt:

Akzeptieren der Realität, so wie sie ist
↓
Analyse des Ist-Zustandes (wo stehe ich in der Beziehung)
↓
Strategie, wie die bisherige Realität verbessert werden kann
(Bewältigung der Realität)
↓
Erfolg, Gesundheit

3. Stagnationsphase
In der Stagnationsphase verliert man den Elan, den man in der ersten und zweiten Phase der Identifikation noch an den Tag gelegt hat. Man hat das Gefühl, daß einfach nichts mehr

vorwärtsgeht, daß man auf der Stelle tritt. Man beginnt, all die Wünsche und Hoffnungen, die einen bisher so motiviert hatten, zu begraben. Man sieht die erhofften Resultate nicht. Die Ursachen hierfür bleiben im Nebel. Manchmal isoliert man sich auch, um sich selbst zu schützen. So will man sich zwar am Abend mit dem Partner treffen, ist aber während des Tages immer wieder einmal geneigt, abzusagen. Man freut sich nicht mehr so sehr auf den Abend, weil bereits ein noch unbewußter seelischer Schmerz mitschwingt.

4. Frustrationsphase

Hier überlegt man bereits, ob man sich nicht am falschen Platz befindet, ob man nicht den falschen Partner gewählt hat.

Man hat das Gefühl: Ich gehöre nicht hierher! Das bin ich nicht! Das ist nicht meine Identität!

Man spürt die Diskrepanz zwischen dem, was ist, und dem, was – der eigenen Meinung nach – sein sollte.

Frustrationen entstehen unter anderem aus dem Gefühl heraus, einer Täuschung erlegen zu sein. Man hat sich getäuscht, hat die Fremdsymbolik des Partners für die eigene gehalten. In dieser Phase merkt man schmerzhaft, daß man nur eigene Persönlichkeitsanteile auf die Symbole (Formen) des Partners projiziert hat. Diese Projektion heißt es jetzt zurückzunehmen. Man muß die Illusion begraben, daß man eigene Anlagen stellvertretend durch einen anderen Menschen ausleben lassen kann.

Aufgrund dieser Frustration entstehen Aggressionen, und es stellt sich nun die Frage, wie der einzelne damit umgeht: trägt er die Aggressionen in die Partnerbeziehung, werden dadurch gewöhnlich die Konflikte verstärkt. Projiziert er sie jedoch auf den eigenen Körper, entstehen die ersten Krankheitsanzeichen.

Selbstverständlich könnte man in dieser Phase auch konstruktiv mit dieser Energie umgehen und nach eingehender

Analyse der Ursachen innerhalb der Partnerbeziehung Veränderungen vornehmen.

Kurzum, in der vierten Phase der Identifikation, der Frustrationsphase, besteht die letzte Gelegenheit, »den Karren noch aus dem Dreck zu ziehen«, die Weichen anders zu stellen und zur Phase 2, der Phase des Erkennens und der aktiven Bewältigung der Realität, zurückzukehren.

Wird diese Chance durch den destruktiven Einsatz der Energie leichtfertig vertan, verschlimmern sich die Konflikte meist durch Krankheit und Leid. Der angeschlagene Gesundheitszustand beeinträchtigt die Stimmungslage, die Schwierigkeiten mit dem Partner vergrößern den Frust – man befindet sich in einem Circulus vitiosus.

Es gibt jedoch in dieser Phase noch eine andere »Lösung«: Man gibt dem Frust, der manchmal aufzukeimen droht, gar keinen Raum und paßt sich statt dessen an. In diesen Fällen spricht man von »resignativer Anpassung«. Der Mensch paßt sich mit seinen Erwartungen der Wirklichkeit an, wodurch sich die Kluft zwischen dem, was er sich eigentlich vorgestellt hat, und dem, was tatsächlich ist, verringert. In die gleiche Richtung weist die sozialpsychologische Theorie der »kognitiven Dissonanz«. Das Eingeständnis, daß man etwa in einer ausgesprochen schlechten oder lärmreichen Wohngegend wohnt, daß die Wohnung zu eng, die Raumaufteilung ungünstig oder das Wohngebäude heruntergekommen ist, steht im Widerspruch zu dem Wunsch nach einem positiven Selbstbild und dem Bedürfnis nach Anerkennung; man wäre ja ein Versager, wenn man es nicht fertigbrächte, hier wegzuziehen.

Grundsätzlich gilt: Je stärker die Wahlfreiheit eingeschränkt ist, um so eher ist mit resignativer Anpassung zu rechnen. Man paßt sich den widrigen Umständen in der Partnerschaft, im Wohnbereich oder im Arbeitsleben an, indem man etwa den Stressor neu bewertet (was leider nur im Bewußten, nicht aber im Unbewußten möglich ist!). Man redet sich also ein, daß es ja gar nicht so schlimm sei oder daß man sich längst daran gewöhnt habe.

5. Reduktionsphase

Kommt es in der vierten Phase nicht zu einer Neugestaltung des betreffenden Lebensfeldes oder zumindest zu der oben beschriebenen resignativen Anpassung, setzt unweigerlich die nächste Phase ein. Reduktion leitet sich vom lateinischen Wort »reducere« ab, was soviel heißt wie »zurückführen, verringern, herabsetzen«. Die Phase ist also gekennzeichnet durch einen Rückschritt zum unumwunden Notwendigen. Der Betreffende spricht nur noch wenig mit dem Partner ab, entzieht sich jeder Auseinandersetzung, grenzt sich entschieden gegenüber dem anderen ab.

In der Sexualität wird meist nur noch der Pflichtakt vollzogen, irgendwelche Varianten oder emotionales Beteiligtsein werden ausgeklammert.

Da in dieser Phase sehr viele Verdrängungsmechanismen eingesetzt werden, ist auch hier die Gefahr der Somatisierung hoch.

6. Resignationsphase

Während man in der euphorischen Phase alles in rosarot gesehen hat, nimmt man in dieser sechsten Phase nur noch das Negative wahr. Es ist, als ob man eine völlig andere Brille aufgesetzt hätte: man sieht nur noch alles grau in grau.

Brigitte, die vorher so sehr von ihrem Heinz schwärmte, hält ihn inzwischen nur noch für einen psychiatrischen Fall. In ihren Augen ist er psychisch so schwer gestört, daß jeglicher Neuanfang illusorisch ist.

In dieser Phase fügt man sich klagend in sein Los und sagt: »Da kann man nichts machen! Es ist aussichtslos!« Man sieht tausend Barrieren und keinen Ausweg. Man geht im Kreis. Der einzelne ist völlig entmutigt und würde es nie wagen, den Zustand, an dem er leidet, zu verändern oder gar den Partner zu wechseln.

In dieser Phase kommt es häufig vor, daß aufgrund der Aussichtslosigkeit das Unbewußte einen Ausweg sucht. Leider ist dieser Ausweg meist mit sehr viel Leid gekoppelt. Erst über eine Erkrankung oder über einen Unfall kann der Betreffende sich aus seiner mißlichen und tristen Lage herausmanövrieren. Als Frührentner hat er dann endlich Zeit, sein Leben zu »genießen« – es fragt sich allerdings nur, ob dies aufgrund der Krankheits- oder Unfallfolgen dann überhaupt noch möglich ist.

7. Apathische Phase

Der Betreffende kann in seiner Partnerschaft nichts Positives mehr entdecken. Er hat auch keine Wut und keinen Haß mehr – er verrichtet nur noch marionettengleich seine Aufgabe. Er hat das Gefühl, das Leben sei an ihm vorbeigegangen und er warte nur noch auf den Tod. Nur letzterer könne ihn von dem Übel erlösen. Aus diesem Grund besteht hier manchmal sogar Selbstmordgefahr. Man kann den Zustand als physischen und psychischen Kollaps bezeichnen.

Sehr häufig drückt sich diese innerseelische Situation auch auf der körperlichen Ebene in Form von unheilbaren Krankheiten aus.

Es gibt jedoch in der apathischen Phase noch eine zweite Reaktionsform, die insbesondere bei vielen Menschen – wenn sie sich noch vital genug fühlen – zu verzeichnen ist: Zwar hat man es aufgegeben, in der bisherigen Partnerschaft jemals noch das Ruder herumreißen und glücklich werden zu können, aber man streckt die Fühler bereits aus, um sich nach etwas Neuem umzusehen. Man läßt einfach apathisch das Alte weiterlaufen, ist aber bereits voll elektrisierender Spannung für das Neue bereit. Man möchte das alte Kleid ablegen und ein neues anziehen. Man wartet auf das große

Glück, sich vom bisherigen Partner durch einen neuen, anderen, besseren befreien zu können.

Insofern leben viele nach dem Motto: Auf eine Bindung folgt eine Befreiung, auf eine Befreiung folgt eine Bindung. Das, was vorher ein großer Glücksfall war, der Partner, der Job oder die Wohnung, entpuppt sich schließlich als Pech und als Belastung, und es wird wieder das Glück bemüht, um sich davon befreien zu können.

Erfolgreich wieder aus einer Beziehung oder aus einem Arbeitsverhältnis herauskommen, lautet die Devise, um die apathische Phase wieder gegen die euphorische eintauschen zu können.

Wenn man aufgrund von unausgebildeten Anlagen nicht dem Wiederholungszwang anheimfällt, kann damit sogar ein Wachstum innerhalb des neurotischen Prozesses verbunden sein. Wenn der Betreffende aus den Schwierigkeiten gelernt hat, kann es sein, daß er tatsächlich aus den bisherigen Formen herausgewachsen ist und neue Affinitäten erworben hat, die zwar noch nicht seiner wirklichen Natur entsprechen, aber ihn vielleicht schon einige Schritte näher an dieses Ziel heranführen.

Gelingt es jedoch nicht, das bisherige Kleid abzulegen und neue Formen für neue Inhalte aufzusuchen oder zu schaffen, besteht auch hier wieder die Gefahr der Somatisierung.

Wenn die eigenen Persönlichkeitsanteile und Energien nach anderen Ausdrucksmöglichkeiten streben, aber nach wie vor im bisherigen Korsett eingezwängt werden, erleiden sie Schmerzen und machen sich über Krankheitssymptome bemerkbar. Diese Krankheiten sind jedoch nicht so schwerwiegend wie bei der ersten Reaktionsform der apathischen Phase, die mit einer tiefen Hoffnungslosigkeit verbunden ist, weil die Energien in diesem zweiten Fall nur so lange im Leib deponiert werden, bis eine andere Projektionsmöglichkeit gegeben ist.

Fazit: Die sieben Phasen der Identifikation laufen unbewußt ab. Sie werden in Gang gesetzt wie Krankheitsphasen, deren Fortschreiten – sofern man passiv bleibt – nicht gestoppt werden kann. Alle Anzeichen sprechen dafür, daß die sieben Phasen der Identifikation den normalen Entwicklungsweg des Individuums beschreiben. Kaum jemand wird von sich behaupten können, noch nie in seinem Leben diese Phasen durchlaufen zu haben. Es scheint so, als ob der Mensch erst unter großen Enttäuschungen und Schmerzen sein eigenes Selbst kennenlernen kann. Erst durch das, was er *nicht* ist, was ihm *nicht* entspricht, lernt er seine eigenen wahren seelischen Eigenarten und seine Bedürfnisse kennen. Erst durch den Kontrast wird ihm bewußt, wer er ist, wer er sein könnte und wie er leben möchte.

Dennoch – so scheint es – könnte man sich viele leidvolle Umwege über Jahrzehnte hinweg sparen, wenn man, wie anfangs erwähnt, zuerst einmal seine eigene Identität unter die Lupe nehmen würde. Sicher, man muß das so Entdeckte dann auch umsetzen und leben, aber da man in diesem Fall aus der eigenen Mitte heraus operiert, findet man immer wieder einen Bezug zu sich selbst und muß nicht plan- und ziellos auf einem weiten Meer nach irgendwelchen Schätzen suchen.

Es gibt allerdings manche, die sich auch auf diesem unbewußten Weg bereits eine gewisse Routine angeeignet haben. Der Weg vom Himmel (euphorische Phase) zur Hölle (apathische Phase) wird im Laufe der Zeit immer schneller durchlaufen. Benötigte man beim ersten Partner vielleicht 20 Jahre, um die sieben Phasen zu durchlaufen, gelingt die Desillusionierung beim zweiten vielleicht in sieben Jahren und beim darauffolgenden Partner vielleicht gar schon in vier Jahren. Besonderen Routiniers soll es bereits gelungen sein, die sieben Phasen der Identifikation an einem einzigen Abend, etwa beim ersten Rendezvous, zu durchlaufen.

Die 7 Phasen der Identifikation

Euphorische Phase

Phase des Erkennens der Realität

Stagnationsphase

Frustrationsphase

Reduktionsphase

Resignationsphase

Apathische Phase

Manchmal ist es jedoch so, daß – da diese Prozesse unbewußt ablaufen – der einzelne gar nicht beurteilen kann, in welcher Phase er sich gerade befindet. So lange er in diese Prozesse also voll eingebunden ist, ist es kaum möglich, die Realität zu erkennen. Man versucht bis zum Schluß, sich etwas vorzumachen, Situationen zu beschönigen und vieles noch im positiven Licht erscheinen zu lassen, während sich das Unbewußte längst einige Phasen weiter befindet oder gar schon »weiß«, daß die Sache gelaufen ist.

Besonders schwierig gestaltet sich das Bild bei sogenannten Phasendivergenzen – etwa, wenn der eine Partner sich noch in der euphorischen Phase befindet und der andere bereits in der Resignationsphase angelangt ist. Oft ist es für letzteren dann kaum möglich, die Seifenblase des Euphorischen platzen zu lassen. Manchmal wagt man es auch nicht, weil man dem anderen nicht weh tun will. Man spielt noch mit, traut sich noch nicht, die eigenen Zweifel zu äußern. Doch wenn man die Unstimmigkeiten nicht sofort anspricht, wird es immer schwieriger, den anderen mit der Realität zu konfrontieren. Je länger man in diesen Fällen wartet, um so dramatischer wird später die Situation sein!

Je weniger jemand in eine Partnerbeziehung einbringt, desto mehr erwartet er von seinem Partner

Die Ungeeignetsten gieren am meisten nach einer Beziehung

Ehe und Monogamie sind oft der sichere Hafen für abhängige Persönlichkeiten.

Wer noch nicht selbständig und unabhängig ist und sein Leben noch nicht selber managen kann, braucht dringend einen Partner und schreit nach einer Beziehung.

Jedes Defizit im eigenen Persönlichkeitssystem will aufgefüllt werden, treibt zu einer Ergänzung. Wer viele Defizite und Unfähigkeiten aufweist, hat einen enormen Bindungswillen.

Das Gesetz lautet hier: Je mehr Defizite, um so stärker die Tendenz, sich an einen Partner zu binden und zu verpflichten.

Je weniger jemand eine Ganzheit darstellt, desto mehr sehnt er sich nach der anderen Hälfte.

Es gibt jedoch verschiedene Arten von Bindungsunfähigkeit:

Unfähigkeit aufgrund eines Idealbildes

Der Betreffende will mit einer einzigen Person all das abdecken, was ihm fehlt. Da jedoch niemand nur inkarniert wurde, um einen anderen Menschen auszugleichen, sondern auch persönliche Vorlieben und Eigenarten ausgebildet hat, entstehen immer wieder Unterschiede im Vergleich mit dem Idealbild. Der einzelne hat dann das Empfinden, daß wieder nicht der oder die Richtige aufgetaucht ist. Insofern bleibt die Suche nach dem Idealpartner ergebnislos.

Unfähigkeit aufgrund von eigenem Fehlverhalten
oder aufgrund einer psychischen Erkrankung

Diese Unfähigkeit ist weit verbreitet. Die Betreffenden können oft nicht einsehen, daß aufgrund der negativen Stimmung, die sie verbreiten, aufgrund ihrer Launenhaftigkeit, aufgrund ihres herrischen Gehabes, aufgrund ihrer hysterischen oder zwanghaften Charakterstruktur . . . andere Menschen abgehalten werden, sich dauerhaft an sie zu binden. Sie sind für den Mitmenschen auf lange Sicht nicht zumutbar und müßten sich dringend einer Psychotherapie unterziehen. Leider haben die Betreffenden meist keine Krankheitseinsicht und empfinden sich deshalb auch nicht als therapiebedürftig. Im Gegenteil! Sie projizieren die Schuld meist auf den anderen und glauben, daß jener einer Behandlung bedarf.

Oder ein anderes Beispiel: Jemand redet ohne Unterlaß und ist daher nur stundenweise zu ertragen. Eine dauerhafte Beziehung wird dadurch nicht erwirkt.

Unfähigkeit aufgrund von falscher Ursachensetzung

Viele wollen ausgerechnet das haben, wozu sie nicht geeignet sind, und wollen das nicht haben, was sie erwirken. So wollen z. B. manche Frauen eine feste Beziehung, ziehen aber aufgrund ihrer unbewußten Struktur stets nur solche Männer an, die sie gerade *nicht* wollen: verheiratete Männer oder Männer, die bereits gebunden sind.

Unfähigkeit aufgrund von mangelnder Investitionsbereitschaft

Um den Bindungswillen des Partners zu fördern, ist es notwendig, Anlagen und Fähigkeiten zu investieren. Der Partner möchte durch die Beziehung doch wenigstens ein paar Vorteile erhalten, sei es, daß er dadurch regelmäßig ein Essen bekommt, eine finanzielle Erleichterung erfährt oder in bezug auf seine Arbeit entlastet wird. Viele Menschen wollen jedoch nur um ihrer selbst willen geliebt werden. Doch wenn das Selbst der betreffenden Person zu wenig ausgebildet ist, gibt es auf der Partnerseite meistens ein langes Gesicht.

Unfähigkeit aufgrund von Egoismus

Egoistische Menschen sind unfähig, eine dauerhafte Beziehung einzugehen, weil sie oft nicht einmal ein Minimum an Anpassungs- und Kompromißbereitschaft aufweisen. Sie wollen ausschließlich ihre Interessen durchsetzen und stellen sich auf den anderen so gut wie nie ein. Der Mitmensch wird zum Zuschauer ihres egoistischen Agierens degradiert und hat selbst keine Chance, sich einzubringen oder gar eigene Bedürfnisse vom Partner gestillt zu bekommen.

Unfähigkeit aufgrund von Antihaltungen

Der Betreffende ist in der Trotzphase steckengeblieben. Nichts paßt ihm, nichts ist ihm gut genug, ständig muß er Widerstand leisten, und wenn der Partner für etwas eintritt, ist er zwangsweise dagegen.

Hier sind auch diejenigen zu nennen, die zwar das Elend der spießbürgerlichen Ehe erkannt haben, sich aber nur in einer Antihaltung erschöpfen. Da auch sie, außer ihrer Ablehnung des Konventionellen, nur wenig in eine Beziehung einbringen und nichts Neues, Konstruktives ausgebildet haben, ist die Bindungsbereitschaft des potentiellen Partners gering.

Aus *konventioneller Sicht* gibt es noch eine Anzahl von Personen, die für eine Beziehung ungeeignet sind. Sie sind jedoch nur unfähig, die herkömmliche Form der Beziehung zu praktizieren, nicht aber ungeeignet für eine Beziehung schlechthin. Da sie schon verschiedene Fähigkeiten ausgebildet haben, sind sie bereits der Norm enthoben. Sie können es sich gar nicht mehr vorstellen, ein Leben lang die Nächte im Doppelbett des gemeinsamen Schlafzimmers zu verbringen oder überall als »siamesische Zwillinge« aufzutreten.

Für sie gilt die Umkehrung des obigen Gesetzes: Je mehr jemand er selbst und zu einer Ganzheit geworden ist, desto weniger hechelt er nach einer Beziehung. Da die Kollektivneurose definiert, was Bindungsfähigkeit oder -unfähigkeit ausmacht, werden leider diese Personen mit den anderen Bindungsunfähigen, die sich durch Antihaltungen und Verhaltensstörungen auszeichnen, in denselben Topf geworfen. So stellen die scheinbar Bindungsunfähigen die wahren Bindungsfähigen dar, während die vermeintlichen Bindungsfähigen nur zu einer symbiotischen Beziehung fähig, aber für eine wahre, d. h. neurosenfreie Beziehung völlig ungeeignet sind.

Status quo

Bewußte und unbewußte Partnerwahl

Die meisten Menschen sind sich nicht bewußt, wie sehr sie von ihrem Unbewußten gesteuert werden. Daher sind für ihre Partnerwahl oft ganz andere Gründe entscheidend als die im Bewußten vorgegebenen Motive von Liebe und Zuneigung (die allerdings wiederum häufig Resultate der unbewußten Motive sind).

Der Partner wird unbewußt gewählt

- um nicht allein sein zu müssen
- um nicht alleine verreisen zu müssen
- um sich beim Ex-Partner oder beim derzeitigen Partner rächen zu können
- um vor dem derzeitigen Partner zu demonstrieren, daß man noch begehrenswert ist
- um einen Vater bzw. eine Mutter für sein Kind (aus einer anderen Beziehung) zu bekommen
- um den Haushalt nicht alleine bewältigen zu müssen
- um die Norm, eine feste Beziehung zu haben, zu verwirklichen und damit Anerkennung von den Eltern, Verwandten, Freunden und Arbeitskollegen zu erhalten
- um nicht alles alleine finanzieren zu müssen
- um sich aushalten zu lassen
- um das Ego aufzupolieren
- um den Eigenwert zu stärken (bei attraktivem Partner oder Partner mit Rang und Namen)
- um die Miete für eine zu große Wohnung, die man nicht aufgeben will, finanzieren zu können
- um bei etwaiger Krankheit eine Hilfe zu haben

- um eine Ansprache zu haben
- um ein Haus bauen oder eine Eigentumswohnung kaufen zu können
- um nie mehr arbeiten zu müssen bzw. um sich von der ungeliebten Arbeit befreien zu können
- um den Alltag gemeinsam bewältigen zu können
- um nicht im Sommer alleine zum Baden fahren zu müssen
- um andere Paare besuchen zu können (alleine würde man sich dort als fünftes Rad am Wagen fühlen)
- um gemeinsam Weihnachten, Silvester, Ostern und Pfingsten feiern zu können

Ebensowenig bewußt wie die eben geschilderten Motivationen ist eine Partnerwahl, bei der man Probleme und Konflikte anzieht, die scheinbar vom Partner ausgehen.

In solchen Fällen liegt die Ursache gleichfalls im eigenen Persönlichkeitssystem.

Aufgrund von Prägungen in der Vergangenheit können innere Spannungszustände und Konflikte zwischen verschiedenen Anlagen, Fähigkeiten und Prinzipien bestehen. Zum Beispiel zwischen:

Freiheitsdrang und Pflicht
Verstand und Gefühl
Ego und Über-Ich*
Ego und Partnerfähigkeit
Berufung und Partnerfähigkeit
Berufung und Familie
Unabhängigkeitsstreben und Bindung
Freiheit und Geborgenheit
Distanz und Nähe

---

* Das Über-Ich ist die durch Kindheitseindrücke und Erziehungseinflüsse erworbene psychische Instanz (= erlerntes Gewissen), welche die Wert- und Normvorstellungen sowie die moralischen Prinzipien umfaßt.

Gefühl und Intellekt
Trieb und Gefühl
Trieb und Über-Ich
Gefühl und Berufung
Genußfähigkeit und Über-Ich
Streben nach Wohlleben und Über-Ich
Reviertrieb und Bindung
Besitzstreben und Freiheit
Sicherheit und Freiheit
Anpassungsstreben und geistige Freiheit
Anpassungsstreben und Streben nach Unabhängigkeit
Besitzstreben und Sinnfindung
Anpassungsstreben und Sinnfindung
usw.

Solche innerseelischen Konflikte treiben den einzelnen zu einem Partner, der geeignet ist, das, was sich innen abspielt, außen abzubilden.

Kurzum, man sucht einen Partner, der den eigenen inneren Konflikt zu dramatisieren versteht. Ein anderer Partner, der in die eigene Spannung nicht hineinpaßt, käme nicht in Frage. So kommt es, daß man mit einem Partner zusammen ist, der scheinbar nicht paßt, weil man mit ihm so viele Probleme und Schwierigkeiten hat, der aber vom Unbewußten aus gesehen letztendlich der richtige ist. Nur über ihn besteht die Möglichkeit, sich eigener Probleme und Spannungen bewußt zu werden. Indem er mithilft, das außen abzubilden und zu spiegeln, was innen vor sich geht, fungiert er gewissermaßen indirekt als Psychotherapeut.

Da es sich jedoch bei den meisten Partnerschaften um eine unbewußte, d. h. nicht freiwillig und bewußt gewählte Psychotherapie handelt, können die wenigsten konstruktiv damit umgehen und die Chance, die das Schicksal hier anbietet, nutzen.

Zugegeben, es ist schwierig, einzusehen und zu begreifen, daß unterdrückte und geleugnete Aspekte des eigenen Wesens auf den Partner projiziert werden und daß man diese dann als Eigenschaften des Partners wahrnimmt.

So kann es z. B. sein, daß bei einer Frau der Wunsch nach Unabhängigkeit und Distanz mit ihrem Bild von einer gefühlvollen Frau, die seelische Geborgenheit, Liebe und Nähe zu schenken vermag, unvereinbar ist, daß sie diesen Wunsch als etwas Schlechtes und Gefährliches betrachtet und ihn deshalb auf den Partner übertragen muß.

Ihr Partner wiederum hat vielleicht in der Vergangenheit schlechte Erfahrungen mit emotionaler Offenheit, mit Vertrauen und Nähe gemacht und versucht sich dagegen zu schützen, indem er diesen Aspekt seiner Persönlichkeit auf die Frau projiziert. In ihm wohnt also derselbe Konflikt zwischen Nähe und Distanz, nur, daß er – im Gegensatz zu ihr – den Pol Unabhängigkeit und Distanz bejaht und zu leben versteht, aber den anderen Pol, den Part Intimität und Nähe, auf die Partnerin verlagert.

Auf diese Weise wird ein innerpsychischer Konflikt in ein zwischenmenschliches Problem verwandelt.

Jeder spielt für den anderen den verdrängten und verleugneten Anteil, und jeder glaubt mit seiner Lebensform richtig zu liegen.

Allerdings gelten in der patriarchalen Kultur Intimität und Nähe als moralisch sauberer und erstrebenswerter als Unabhängigkeit und Distanz. Insofern besteht die Möglichkeit, dem Partner, der Distanz übt und nur sporadisch beim anderen vorbeischaut, Schuldgefühle aufzuzwingen.

Meist spitzt sich in solchen Fällen die Problematik so sehr zu, daß die Frau ihrem Partner zu verstehen gibt, daß sie das alles einfach nicht mehr mitmacht. Sie erklärt: »Wenn du nur zweimal die Woche hier erscheinst, um sexuell mit mir verkehren zu können, hast du dich getäuscht! Dafür bin ich mir zu schade! Das kannst du mit einer Prostituierten machen, aber nicht mit mir! Da lebe ich lieber alleine!«

Sie beendet dann die Beziehung und versucht sich solo durchs Leben zu schlagen oder hofft auf einen neuen Partner, mit dem mehr Nähe möglich ist.

Sie trennt sich also von ihm, weil sie ihre *eigene* innerseelische Spannung nicht mehr aushält. Was die Betreffende jedoch nicht weiß, ist, daß damit ihre Diskrepanz zwischen Nähe und Distanz beileibe nicht gelöst ist, sondern bestehen bleibt und daß sie diesen Konflikt auch in zukünftigen Partnerschaften austragen muß. Und mehr noch, daß sie ihren jeweiligen Partner unbewußt dazu provoziert, sich so zu verhalten bzw. es ihm schwermacht, Intimität und Nähe zu entwickeln.

So kann sie z. B. durch ein Fehlverhalten oder durch mangelnde Fähigkeiten (Defizit an Humor, Kommunikationsfähigkeit, Kochkunst etc.) den Partner davon abhalten, ihre Nähe auf längere Zeit hin zu suchen.

Häufig stehen auch zu hohe Erwartungen nach Intimität und Nähe im Raum. Vielleicht möchte er in seiner Freizeit nicht nur die Vorstellungen seiner Partnerin erfüllen, sondern auch eigene Wünsche und Pläne verwirklichen oder Hobbies pflegen.

Wenn also außer Zärtlichkeit und Sexualität in der Beziehung keine Berührungspunkte bestehen, sollte man den Kontakt tatsächlich darauf beschränken.

Es geht auch darum, das, was man unbewußt erwirkt hat, den Partner und die Beziehungsqualität, welche das Unbewußte bzw. das Schicksal ausgesucht hat, anzunehmen und zu akzeptieren. In einem solchen Fall heißt es, sich zu sagen: Mehr ist eben im Status quo nicht »drin«.

Hinzu kommt, daß jene Frau – hätte sie sich bereits selbst mehr in Richtung Freiheit und Unabhängigkeit entwickelt –

sogar froh sein könnte, wenn sie einen Mann hätte, der nur zweimal die Woche bei ihr erschiene und ansonsten keine Anstalten machte, ihre Kreise zu stören. D. h. also, daß sie nur deshalb unter der derzeitigen Partnerschaft so leidet, weil ihre Individuation noch zu wenig fortgeschritten ist, sie zu wenig ihren eigenen Lebensweg abgesteckt hat, zu wenig eigene Ziele anpeilt, zu wenig eigene Interessen realisieren will.

Auch hier wird deutlich, daß das Leid in diesem Fall nicht vom anderen ausgeht, sondern in der eigenen Unentwickeltheit begründet sein kann. Daraus folgt, daß man nicht nur deshalb auf den Partner eigene Persönlichkeitsanteile projiziert, weil man diese verdrängt hat, sondern weil sie noch gar nicht ausgebildet wurden.

Die Natur der Psyche und deren Ökosystem sind also so angelegt, daß selbst Nicht-Entwickeltes zur Projektion gelangt, um auf diese Weise Ganzheit – wenn auch oft auf perverse oder schmerzhafte Weise – erleben zu können.

Die eigene Unentwickeltheit tut im Augenblick nicht weh, aber die Wirkungen, die sich daraus ergeben, sind oft schwer zu verkraften, weil dadurch eine verzerrte Sicht entsteht, die einen wirklichkeitsadäquaten Umgang mit der Situation verhindert.

Vor allen Dingen resultieren daraus falsche Interpretationen der Beziehungssituation.

Man glaubt, der Partner sei nicht bindungsfähig, unfähig zu echter Nähe und Intimität, er sei mit einem Charakterfehler behaftet oder noch anderweitig liiert. Letztere Vermutung gibt dann wieder einen »willkommenen« Anlaß, um Eifersuchtsszenen vom Zaun zu brechen und Gefühlsmuster der Vergangenheit zu reproduzieren.

In all diesen Fällen kann man also das von einem selbst Erwirkte nicht mehr ertragen.

So machen viele mit ihrem Partner Schluß, weil sie glauben, seine Lügen, Heimlichkeiten, Seitensprungtendenzen oder mangelnde Bereitschaft, sich auf eine nähere Beziehung einzulassen, nicht mehr stillschweigend gutheißen und ertragen zu können.

Ein anderes Beispiel:

Pamela (31) ist rechtschaffen und zuverlässig. Sie übernahm die Verantwortung für Haushalt, Kinder sowie für Haus und Garten, während ihr Ehemann Dirk (42), Börsenmakler, für den finanziellen Rahmen sorgte und ansonsten Playboytendenzen aufwies. Dirk, der in seinem Beruf sehr erfolgreich war, war tagsüber oft beim Golfen und Tennisspielen, und abends pflegte er auf Parties zu flirten.

Für Pamela war ein solches Verhalten ein permanenter Affront gegen die Prinzipien der Fairneß, der Gleichberechtigung und der Partnerschaft. Immer wieder stellte sie Dirk deswegen zur Rede, jedoch ohne eine Änderung seines Lebensstils bewirken zu können.

Pamelas innerer Konflikt war der zwischen Streben nach Genuß und Wohlleben und einem strengen Überich.

Sie verkörperte die Seite Pflicht, Verantwortung, Anstand, Sauberkeit, Norm, während sie ihre eigenen Tendenzen zu einem lustvollen Leben auf ihren Ehemann projizierte.

Dirk hingegen hat aufgrund seiner Prägung im Elternhaus, in dem Wohlleben tabuisiert und Arbeit und Fleiß über alles gestellt wurden, eine innerseelische Spannung, versucht aber gerade durch sein Playboyverhalten die Verbote und Behinderungen seines Überichs zu durchbrechen – und wird prompt hierfür von seiner Ehefrau, die seine Überichfunktion in der Außenwelt wahrnimmt, gemaßregelt. Das wiederum treibt Dirk außer Haus und veranlaßt ihn dazu, verstärkt dem Wohlleben zu frönen.

Beide leiden unter ihrem jeweils verdrängten Persönlichkeitsanteil und glauben, daß das Problem einzig und allein beim anderen liegen würde.

Die Lösung wäre im Grunde genommen ganz einfach, ist aber in der Praxis schwer zu verwirklichen: Pamela lebt auch ihre Playgirlanteile, und Dirk übernimmt mehr Verantwortung.

Die bisherigen Ausführungen machen klar: Was man sich so innig wünscht, zu dem ist man meist nicht fähig.

Und wenn man eines Tages aufgrund von eigener Entwicklung dazu reif ist, wünscht man es sich nicht mehr, weil man es hat oder nicht mehr braucht.

Es hat sich immer wieder gezeigt, daß eine Partnerschaft besonders dann extrem gefährdet ist, wenn ein Partner sich wirklich so verhält, wie der andere es sich immer gewünscht hat.

Wenn der Partner aufhört zu trinken, untreu zu sein, zu lügen oder ein Workaholiker zu sein, wenn die Ehe mit der anderen Frau oder dem anderen Mann beendet wird, wenn man nach langem Kampf den Partner endlich so weit hat, daß er sich für Esoterik, Philosophie oder Jazz interessiert, dann ist meist die Beziehung zu Ende. Man hat in der Situation das Gefühl, als ob irgendwie die Luft raus wäre, und stellt fest, daß die Liebe erkaltet ist.

Es hat den Anschein, als ob nur der Kampf und die Hoffnung die Basis der Beziehung waren. Als man noch darum gerungen hat, daß der Partner endlich so wird, wie man ihn haben möchte, und darum gebangt hat, ob er je trocken, treu, verantwortungsvoll etc. werden würde, da konnte man stellvertretend außen die eigene innere Spannung ausagieren.

Jetzt nach Beendigung des »Paartanzes« ist die Spannung zwar außen passé, aber deshalb innen noch lange nicht gelöst. Es entsteht dadurch eine Diskrepanz zwischen der unbewußten Innenwelt und der äußeren Welt.

Diese Ungleichheit sucht das Unbewußte dann bald wieder zu beseitigen, indem es einen neuen Partner anzieht, der eine ähnliche Konstellation wie man sie vorher hatte zu liefern vermag.

Auf diese Weise stimmen Innen- und Außenwelt wieder überein, und das Spiel kann von vorne beginnen.

Ferner ist es auch so, daß das, worüber man besonders schimpft, auf Wünsche hinweist, die mit dem eigenen Bewußtsein nicht zu vereinbaren sind.

So schimpfte Peter (26, Kfz-Meister) über die »heißblütigen Südländer«, weil er selbst gerne ebenso männlich aussehen und so viele Chancen bei Frauen haben wollte.

Oder Herbert (43, Angestellter bei einer Stadtverwaltung) ließ kein gutes Haar an den Immobilienmaklern. Herberts Wut auf diesen Berufsstand war auf seinen Wunsch zurückzuführen, mit wenig Einsatz möglichst viel zu verdienen. Da ihm so etwas aber moralisch nicht einwandfrei erschien, wagte er nicht, diesen Beruf zu ergreifen, sondern er beschränkte sich darauf, Immobilienmakler verbal zu attackieren.

Diese Gesetzmäßigkeit wird besonders in spannungsgeladenen Partnerschaften offenkundig. Die sich bekriegenden Parteien sehen jeweils beim anderen das, was sie sich immer heimlich gewünscht oder sich – aus welchen Gründen auch immer – verwehrt haben.

Sieglinde (34, Buchhalterin) schimpfte wie ein Rohrspatz, als sie erfuhr, daß ihr Freund Christoph, als er noch mit Susanne liiert war, deren Bild auf dem Schreibtisch seines Büros stehen hatte. Sie fand das altmodisch und kleinbürgerlich, in Wirklichkeit jedoch war sie nur sauer, weil er bei ihr noch nicht nach einem Foto gefragt hatte, um es eingerahmt auf seinen Schreibtisch zu plazieren.

Fritz hingegen schimpft auf Frauen mit langen lackierten Fingernägeln. Sein geheimer Wunsch jedoch war es, einmal von einer solchen Wildkatze mit den langen roten Krallen voller Leidenschaft zerkratzt zu werden.

Kriterien der Partnerwahl

Weitere Kriterien der Partnerwahl sind die Geschwisterposition, die Ähnlichkeit, das Milieu und die Schulbildung sowie die Phasenspezifität.

Geschwisterposition, die beide Partner in ihrer ehemaligen Elternfamilie eingenommen haben.

Der Psychologe Toman hat den Einfluß auf den einzelnen Menschen und sein soziales Verhalten in Freundschaften, Ehebeziehungen und Familien eingehend untersucht.

Nach seinen Ergebnissen sind Liebes- und Partnerbeziehungen um so stabiler, je ähnlicher sie früheren sozialen Beziehungen der betreffenden Partner innerhalb der Elternfamilie sind. Diese Ähnlichkeit der Beziehungen bewirkt, daß beide Partner ihre in der Kindheit eingeübten Verhaltensmuster und Reaktionstendenzen beibehalten und daher letzten Endes besser miteinander auskommen können, als wenn sie sich in ihrem Verhalten völlig neu orientieren und aufeinander einstellen müßten. Am stabilsten pflegen Beziehungen der Art zu sein, in denen Ehepartner ihre ursprünglichen Geschwisterrollen reproduzieren. Beispiel: Wenn der ältere Bruder von zwei Schwestern selbst wieder eine Frau findet, die die jüngere Schwester eines älteren Bruders ist. In diesem Falle würden sich beide Partner hinsichtlich ihrer »Altersrangerfahrung« und ihrer »Geschlechtserfahrung«, wie Toman es nennt, ergänzen. Weniger stabil sind dagegen Beziehungen von geschwisterlosen Ehepartnern, da diese im Rahmen ihrer früheren Familie weder Erfahrungen mit gleichaltrigen Partnern des anderen Geschlechts sammeln konnten noch die Möglichkeit hatten, im Zusammenleben mit Geschwistern bestimmte Beziehungsmuster auszubilden und sich daran zu gewöhnen.

Einzelkinder tendieren daher häufig dazu, sich später in der Ehe zu sehr voneinander abzugrenzen, im Partner unbewußt einen Elternteil zu sehen und dem anderen Geschlecht nach wie vor mit Unsicherheit, wenn nicht gar mit gewissen Vorbehalten zu begegnen.

Ähnlichkeit

Neben dem Sprichwort »Gegensätze ziehen sich an« kennt der Volksmund die gegenteilige Version: »Gleich und gleich gesellt sich gern.« Jede Partnergemeinschaft weist niemals nur Gegensätze, sondern auch zahlreiche Gemeinsamkeiten und Ähnlichkeiten auf. Diese Gemeinsamkeiten und Ähnlichkeiten sind dann auch die Basis für eine länger andauernde Beziehung, insbesondere auch deshalb, weil sich die Partner dadurch gegenseitig bestätigen und festigen. Auf diese Art und Weise wird die Partnerschaft stabilisiert, man fühlt sich als Paar und hat das wohlige, angenehme, Geborgenheit vermittelnde Gefühl der Zugehörigkeit und Vertrautheit.

Ähnlich wie der andere zu empfinden bedeutet, sich mit ihm zu identifizieren, bedeutet, ihn zu verstehen, bedeutet auch, sich selbst im anderen zu lieben.

Milieu und Schulbildung

Es liegen Untersuchungsergebnisse vor (vgl. Burgess & Wallin), nach denen es weitaus wichtiger sein kann, daß Partner demselben sozio-kulturellen Milieu entstammen, als daß sie beispielsweise in ihrem Temperament übereinstimmen. Kommen Partner aus sehr unterschiedlichen Gesellschaftsschichten, können die Erfahrungsmuster des Empfindens und Erlebens, die im Feld der sozialen Schicht und der geistigen Atmosphäre des Lebenskreises des Elternhauses gebildet werden, unter Umständen so erheblich voneinander abweichen, daß ständiges unbewußtes Vergleichen, Abwägen, Auswählen und immer wieder notwendiges Überdenken der unzähligen kleinen eingefahrenen Gewohnheitsmuster des Umwelterlebens die Bindung zwischen den Partnern schließlich zerstört. Ähnlich gelagert ist die Situation bei der Schulbildung, die auch auslösendes Moment für Gefühle der Über- oder Unterlegenheit bei den Partnern sein kann.

Phasenspezifität

Rolf L. (28) war Sänger einer Musikgruppe, die an Wochenenden in verschiedenen Tanzlokalen spielte. Außerhalb dieses Engagements verrichtete Rolf keinerlei Arbeit mehr, was seine Eltern und Schwiegereltern fast in Rage brachte. Marianne, seine Frau, hielt zwar trotzdem zu ihm, konnte aber auch manchmal ihre Vorwürfe nicht mehr zurückhalten, zumal oft nicht einmal Geld für Lebensnotwendigkeiten vorhanden war.

Eines Tages lernte Rolf beim Tennisspielen den Plattenproduzenten Jochen S. kennen, der schließlich am Abend zum Auftritt der Musikgruppe erschien. Kurze Zeit später nahm er mit Rolf die erste Platte auf. Sie wurde ein voller Erfolg und rangierte monatelang in den Hitlisten auf den vorderen Plätzen. Rolfs Stern im Musikgeschäft war aufgegangen. Verbunden mit diesem kometenhaften Aufstieg waren neue Engagements, neue Verträge, Geld und eine andere Frau – Carina, eine »sündhaft schöne« Nachtclubtänzerin. Die Reaktion seiner Umwelt war dementsprechend. Man warf ihm vor, dem Größenwahn anheimgefallen zu sein und vor allem, daß er charakterlich nicht »einwandfrei« sei. Im Glanz und Ruhm verließ er das »anständige« Mädchen, seine Frau, und brannte mit einem »Nacktstar« durch, hieß es allenthalben.

Psychoanalytisch betrachtet, paßte jedoch Marianne, seine bisherige Frau, nicht mehr in die neue veränderte Situation. Sie verfügte über ein bestimmtes Reaktions- und Verhaltensmuster, aufgrund dessen sie darauf angewiesen war, daß gerade keine üppigen Verhältnisse herrschten, daß sie finanziell sparen mußte, daß ihr Mann erfolglos war ... Entsprechend seiner neuen Entwicklungsphase zog Rolf daher unbewußt Carina an.

Zwei Jahre später war es um Rolf wieder still geworden. Nur noch sporadisch waren kleinere Engagements möglich. Inzwischen hatte Rolf sich jedoch durch den Kauf von Eigentumswohnungen finanziell abgesichert, so daß ihn dies nicht stärker berührte. Als sein Ruhm zu verblassen begann, löste sich das Verhältnis mit Carina auf. Kurze Zeit später lernte Rolf Sabine kennen, die Tochter des Immobilienmaklers, mit dem Rolf geschäftlich verbunden war. Sie entsprach seiner neuen biographischen Situation eher als Carina, die ohne Show und Glamour nicht leben konnte.

Der Fall von Rolf L. macht deutlich, daß es für die Partnerbeziehung ganz entscheidend ist, in welcher Entwicklungsphase man sich gerade befindet. Der Partner muß also nicht nur der psychischen Struktur als solcher entsprechen, sondern auch deren Entwicklungsphase. Erst wenn zwei Menschen in einer bestimmten Zeit entwicklungsmäßig zueinander passen, kann eine Verbindung zustande kommen. Sie bilden dann eine Schicksalsgemeinschaft, d. h. ihre Schicksalswege sind miteinander verflochten und beeinflussen sich gegenseitig.

So kommt es nicht von ungefähr, daß gerade in entscheidenden Lebenssituationen, etwa in einer Phase gravierender beruflicher Umstrukturierung, sehr oft Veränderungen auch auf dem partnerschaftlichen Sektor zu beobachten sind.

Der Phantompartner

Viele Menschen sind bei der Partnersuche auf ein ganz bestimmtes Bild fixiert. Der Partner soll zwar gleichen oder ähnlichen Interessen nachgehen, auf den Gebieten jedoch, auf denen bei einem selbst ein Mangel herrscht, das verkörpern, was man alleine nicht verwirklichen kann.

Judith, eine 27jährige kaufmännische Angestellte aus Duisburg, stellte sich einen Partner vor, der ihr Faible für klassische Musik teilt, der auch – genauso wie sie – gerne kulturelle Veranstaltungen besucht, der ebenso Katzenliebhaber ist und gerne chinesisch essen geht.

In zwei Punkten aber soll er das totale Gegenteil darstellen: er soll sich weitgehend durch Vitalität und Dynamik auszeichnen und soll ihre Existenzängste, es alleine als Frau nicht zu schaffen, durch seine finanzielle Potenz lindern helfen.

Peter, ein 35jähriger, sehr erfolgreicher Autor aus Stuttgart, sucht eine Frau, die ihm in bezug auf Bildung ebenbürtig ist, die – ebenso wie er – die Freizeit primär auf dem Surfbrett verbringen will sowie öfter mit ihm Fernreisen unternimmt.

Ansonsten braucht er aber eine Frau, die ihn ausgleicht, die ihn gerade dort ergänzt, wo er Mängel aufweist: sie soll seine Manuskripte tippen, korrigieren, vorlektorieren, seine Tourneen organisieren und für ihn die Werbetrommel rühren.

Es besteht also die Tendenz, daß man sich einesteils im Partner zu reproduzieren sucht, daß man einen Menschen als Partner wünscht, der – nur im anderen Geschlecht – so ist, wie man selber glaubt zu sein, und anderenteils einen Partner sucht, der die Aufgabe hat, die vorhandenen Mängel auszugleichen.

In beiden Fällen wird jedoch der Partner in seinem wirklichen So-Sein, in seiner wirklichen Eigenart nicht wahrgenommen.

Wie unwirklich dieses Bild ist, wird oft besonders deutlich, wenn der Traumpartner sogar sich widersprechende Eigenschaften und Qualitäten aufweisen soll. Der Traummann wird kaum im Beruf eine glanzvolle Karriere einschlagen können und gleichzeitig den Kindern ein idealer Vater sein, und die Traumfrau kann nicht aussehen wie Miß World und zugleich bescheiden und anspruchslos sein.

Man lebt in der Illusion, daß es den einen wahren und echten Partner gäbe, der die gewünschte Mixtur aus Ähnlichkeit und Ausgleich verkörpert, der nur dafür inkarniert wurde und der Tag und Nacht nur ein einziges Bestreben kennt, nämlich: den anderen glücklich zu machen.

Hierzu schreibt Serena Gray in ihrem Buch *Eine Frau über 35 läuft eher Gefahr, von einem Tiger gefressen zu werden, als einen Mann zu finden*: »Und während dieser ganzen qualvollen Teenagerjahre klammerte man sich an jene verheißungsvollen Worte, die Schneewittchen mit seiner klaren, süßen Stimme gesungen hatte: ›Eines Tages wird mein Prinz kommen.‹ Und während dieser ganzen, jugendlichen Nächte auf einem tränennassen Kopfkissen – dieser Nächte, in denen ›Only the lonely‹ von Roy Orbison zu hören bedeutete, da war jemand, der verstand – glaubte man der Mutter, wenn sie sagte: ›Es wird passieren, wenn die Zeit gekommen ist. Mach' dir keine Sorgen, Mr. Richtig wird schon kommen.‹

Das klang plausibel, oder? ›Ah ja‹, sagte man zu sich selbst, welch makellose Logik! Irgendwo in dieser Welt steckt der Mann, der zu mir paßt. Ein Mann, der nur für mich geschaffen wurde. Ein Mann, der dazu geboren wurde, mich auf immer und ewig zu lieben. Ein Mann, den mein Zehennagel-Fetischismus nicht anwidert. Ein Mann, der Frauen mit kurzer Taille mag, Frauen, die schnarchen und mit riesigen Lockenwicklern ins Bett gehen. Ein Mann, den meine Kenntnisse über die frühetruskische Kunst faszinieren. Ich werde auf ihn warten.«

Der Partner darf letztendlich gar kein eigenständiges Wesen sein mit eigenen Schwächen und Stärken, mit eigenen Interessen und Vorlieben oder gar mit eigenen Zielen, sondern soll nur das persönliche Selbst- und Ausgleichsbild des anderen verkörpern.

Dieses Partnerbild bzw. dieses »Manns-Bild« oder »Weibs-Bild« ist daher nicht etwas, das einem angeboren ist, nicht etwas Vorherbestimmtes, das – dem romantischen Ideal gemäß – durch den einzigen wahren und richtigen Partner, der irgendwann einmal ins eigene Leben tritt, seine Erfüllung erfährt.

Das Bild gibt lediglich Aufschluß darüber, was man selbst an sich liebt und deshalb auch am Partner mag – und was einem fehlt.

Gehen wir in der Analyse der Entstehung des Mythos vom »Destinations-Partner« noch einen Schritt weiter:

Der Drang, sich im Partner reproduzieren zu wollen, entsteht durch das Beispiel der Eltern, die ihr Kind nach ihrem Ebenbild formen wollen.

So wie bei jemandem, dessen Organismus ein Defizit im Wasserhaushalt aufweist, vor dem geistigen Auge das Bild einer Quelle oder eines Wirtshauses entsteht, so resultieren aus den verschiedensten Defiziten immer wieder neue Komplementär- oder Ausgleichsbilder.

In bezug auf Partnerschaft und Zusammenleben kann deshalb nachstehende Übersicht die seelisch-geistige Wechselwirkung zwischen Defizit und Vorstellungsbild erhellen.

Defizit:	Erwartungshaltung an den Partner:
Defizit an Durchsetzung und Aktivität	Partner soll dynamisch und aktiv sein
Defizit an Triebentwicklung	Partner soll anständig sein
Defizit an wirtschaftlichen Fähigkeiten	Partner soll finanziell potent sein
Defizit an eigenem Besitz	Partner soll sein Eigentum in den gemeinsamen Besitz übergehen lassen
Defizit an Sicherheit	Partner soll Sicherheit schenken
Defizit an Eigenwert	Partner soll Status und Prestige verkörpern
Defizit an eigener Alltagsbewältigung	Gemeinsame Alltagsbewältigung mit dem Partner
Defizit an Kommunikationsfähigkeit	Partner soll unterhaltsam oder geduldiger Zuhörer sein
Defizit an eigener Identität	Partner soll Geborgenheit schenken, es soll mit ihm möglich sein, die Idealfamilie zu verkörpern
Defizit an Selbständigkeit und an eigenen Unternehmungen	Viele gemeinsame Unternehmungen mit dem Partner

Defizit an eigenem Lebensweg	gemeinsamer Weg als Paar (Beziehung als Ersatzweg)
Defizit an Ehrgeiz	Partner soll Karriere machen
Defizit an Freiheit und Unabhängigkeit	Partner soll ständig da sein

Diese Übersicht macht deutlich, daß die meisten Partnerprobleme nicht Konflikte mit dem wirklich real existierenden Partner sind, sondern Schwierigkeiten mit einem Phantompartner.

Der Phantompartner ist die Summe aller Vorstellungsbilder, die man aufgrund der eigenen Defizite entwickelt hat.

In der Kollektivneurose ist also fast jeder Mensch nicht mit seinem wirklichen Partner liiert, sondern mit einem subjektiven Trugbild, das er von seinem Partner entwickelt hat.

Da jeder Mensch sich nur selbst ausgleichen kann, muß die Suche nach dem Phantom- oder Idealpartner ergebnislos verlaufen.

Und selbst, wenn man glaubt, den Idealpartner gefunden zu haben, handelt es sich primär um Projektionen, bei denen die Enttäuschung schon vorprogrammiert ist.

Es klingt zunächst sehr ernüchternd, wenn hier gesagt wird: wer in der Kollektivneurose den Mann oder die Frau fürs Leben sucht, wird sie oder ihn aufgrund der anachronistischen Schulbildung (bei der man am Leben vorbeilernt und bei der Defizite en masse gezüchtet werden) nicht finden, da er nicht die richtigen Voraussetzungen und erforderlichen ausgebildeten Anlagen mitbringt.

Er ist primär nur für ein neurotisches Leben geeignet, sprich: für die Abwehr von Leben.

Aber auch in der Kollektivneurose muß man mit seinem Leben allein zurechtkommen und nicht erst, wenn man einen Partner hierfür gefunden hat.

Der innere Phantompartner wirkt sich ungünstig aus:

a.) *bei der Partnersuche und Partnerwahl*
Da man im Grunde genommen sich selbst bzw. das eigene Ausgleichsbild sucht, kann man nicht fündig werden und bleibt einsam. Man sucht in der Außenwelt nach einem Trugbild.

Oder man wählt den »falschen« Partner, der zwangsläufig enttäuschen muß, weil er niemals den eigenen Ausgleich verkörpern kann. Der Status und das Prestige sind von *ihm* erworben, das Geld und der Besitz gehören *ihm*, seine Schönheit ist die Mitgift *seiner* Natur, seine Bildung ist das Ergebnis *seiner* Studien, sein Erfolg ist von *ihm* erwirkt ...

Um es nochmals zu betonen: Jeder kann sich nur selbst ausgleichen! Jeder andere Ausgleich ist nur geliehen, ist nur

ein Surrogat für das Echte, das man sich selbst erarbeiten müßte.

Deshalb gelingt es so auch kaum jemandem, seinen Partner zufriedenzustellen, ihn wirklich dauerhaft glücklich zu machen, denn immer wieder verstößt er durch seine Art zu leben und zu lieben gegen dessen Vorstellungs- und Ausgleichsbild.

b.) *auf den Partner*
Der Partner merkt, daß er in seiner persönlichen Eigenart nicht gefragt ist, sondern nur in seiner Funktion, das Ausgleichsbild des anderen zu erfüllen.

Der innere Phantompartner des anderen ist sein geheimer Konkurrent, der nie ausgestochen werden kann, da er gewöhnlich nicht ins Bewußtsein tritt und so nicht greifbar wird. Gegen einen solchen Konkurrenten ist er machtlos! Was auch immer er unternimmt, er strampelt sich umsonst ab!

Da ihm der Phantompartner immer vorgezogen wird, ist das Ergebnis häufig Frustration und das Gefühl, nicht gut genug zu sein. Daraus folgt wiederum eine permanente Schmälerung seines Eigenwertes. Er entwickelt ungute Gefühle und weiß nicht warum.

c.) *auf den Entwicklungs- und Reifungsprozeß*
Der Phantompartner ist der einzige Partner, dem die meisten Menschen bis an ihr Lebensende treu sind. Treu halten sie an ihrem Defizit und damit an ihrem Ausgleichsbild fest. Wer jedoch immer dasselbe Idealbild vom Partner in seinem Inneren hegt, gibt damit zu verstehen, daß er sich in all den Jahren nicht weiterentwickelt hat.

Man arbeitet nicht an sich, sondern hofft auf den nächsten Partner, daß dieser gefälligst so einfühlsam ist, und den Ausgleich für die eigene Person, den man so dringend braucht, zustande bringt.

d.) auf *die bestehende Beziehung*
Wenn der Partner den eigenen Vorstellungen nicht entspricht, ist man häufig ungehalten oder enttäuscht. Man leitet daraus unbewußt das Recht ab, den anderen maßregeln, kontrollieren und bestrafen zu können.

Man ärgert sich über den Partner, weil er das eigene Vorstellungsbild nicht erfüllt, das häufig sogar – da so viele Menschen dieselben Defizite aufweisen – gesellschaftlich anerkannt wird und als »normal« gilt.

Der Partner wiederum reagiert auf das Vorstellungsbild, das man projiziert hat, seinerseits mit der Projektion seines Idealbildes. Oder er reagiert traurig, aggressiv oder mit Flucht.

Daraufhin reagiert man erneut negativ auf die durch das Phantombild erwirkten ungünstigen Reaktionen des Partners.

Auf diese Weise verliert man sich immer mehr im Nebel der Irrealität. Und kaum einer findet aus diesem Wirrwarr wieder heraus, weil diese psychischen Mechanismen nicht erkannt werden. Man glaubt dann einfach, der andere sei nicht der richtige Partner und sei daher an allem schuld.

Die verstärkte Unzufriedenheit hat wiederum zur Folge, daß das Idealbild vom Partner sich vergrößert und daß die Ansprüche in bezug auf zukünftige Partner noch mehr wachsen; ein Circulus vitiosus also.

Meist endet der Teufelskreis damit, daß man von jeglicher Partnerschaft und Beziehung die Nase voll hat und dann künftig nur noch alleine mit Kind, Katze oder Hund lebt. Dies ist verstärkt beim weiblichen Geschlecht der Fall. Männer hingegen gehen sporadisch zu Prostituierten oder liieren sich mit einer sanftmütigen Asiatin, um weniger Probleme zu haben.

In diesem Zusammenhang soll auch noch auf folgendes hingewiesen werden: Viele Menschen machen mit ihrem

Folgeerscheinungen des Phantompartners

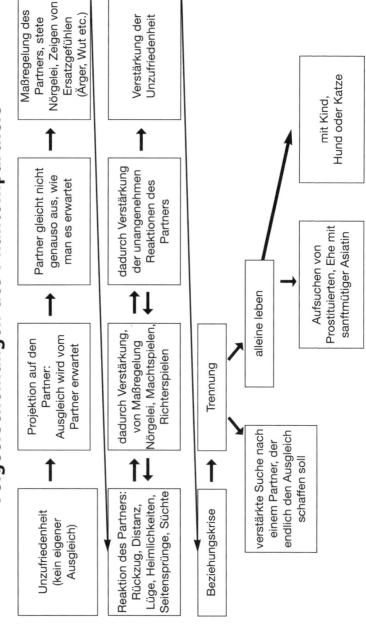

Partner Schluß, weil sie die Hoffnung aufgeben, daß der Partner jemals die eigene Vorstellung bzw. das eigene Ausgleichsbild erfüllen wird.

Obwohl sie oft mit dem Partner auf einigen Gebieten gut harmonieren, sind sie dennoch so verärgert, daß er den Ausgleich auf anderen Lebensfeldern nicht schafft, daß sie zu der Entweder-Oder-Strategie übergehen: entweder alles – oder nichts! Lieber die Taube auf dem Dach, als den Spatz in der Hand! Diese Strategie ist der sicherste Weg in die Illusion und in die Einsamkeit.

Zu all dem kommt noch ein gravierender Faktor hinzu, der meist das Erkennen der Wirklichkeit noch mehr erschwert: man nimmt gewöhnlich nur die Reaktionen des Partners auf das eigene Fühlen, Denken, Handeln und auf die eigene Ausstrahlung wahr. Je nach eigener Ursachensetzung reagiert der Partner auf unterschiedliche Weise. Die Frage lautet hier: Welche Anlagen und Energien hole ich damit aus dem anderen heraus?

Welche Reaktionsmuster erwirke ich bei ihm?

Der Reaktionstypus, der sich dadurch entwickelt, hat mit dem wirklichen Partner wenig zu tun. Da man nur die Wirkungen auf sich selbst und auf die eigenen Aktionen sieht, wird man durch das Verhalten des Partners auch noch in der falschen Sichtweise bestätigt. Man ist dadurch überzeugt, daß er wirklich so ist, wie man ihn sieht.

So erwirkt Richard aus Bottrop, 37, durch sein Verhalten und durch seine Erwartungshaltungen bei Ute Aggressionen am laufenden Band. Ute kennt sich anfangs selbst nicht mehr, glaubt aber dann schließlich im Laufe der Jahre und Jahrzehnte, in denen sie mit Richard zusammen ist, daß sie besonders aggressiv sei.

Ein anderer Mann hingegen hätte vielleicht mehr ihre zärtlichen und mütterlichen Anteile geweckt, und sie hätte sich aufgrund dessen als warmherzig und feminin empfunden.

Raffaela, eine 29jährige Hauptschullehrerin, erwirkt durch ihre lockere Art mit Geld umzugehen und durch ihre Verschwendungssucht bei ihrem Ehemann Stephan, 33, Gymnasiallehrer, Geiz. Durch dieses Verhalten bestätigt er ihre Meinung, sie hätte einen Geizhals geheiratet. Schließlich glaubt er auch selbst daran, daß dieser ungünstige Wesenszug seine Achillesferse sei.

In all diesen Fällen kommt es natürlich auf die jeweilige Position an, von der aus man den anderen als aggressiv, geizig, rücksichtslos, geschmacklos, niveaulos beurteilt. Selbstverständlich kann es auch sein, daß der Partner tatsächlich, d. h. auch objektiv betrachtet, aggressiv oder geizig ist. Das ist besonders dann der Fall, wenn er in einer bestimmten Reaktionsweise festgefahren ist und so ein chronisches Fehlverhalten an den Tag legt.

Dennoch ist der Umstand, daß wir einen Partner falsch beurteilen, sehr häufig, weil kaum jemand an seine eigene Ursachensetzung denkt und deshalb die daraus resultierenden Wirkungen beim Partner als dessen wirklichen Wesenszug mißdeutet.

So kann Person A durch ihr Verhalten bei Person B Depressionen erzeugen, bei Person C Fluchtgedanken, bei Person D ein Suchtproblem verstärken, bei Person E Intuitionen auslösen, bei Person F liebevolle Gefühle wecken...

Oder: Ein und derselbe Mann kann bei einer Frau als hochintelligent gelten, bei einer anderen als geistig zurückgeblieben.

In dieser Hinsicht wird auch die These »Jeder bekommt den Partner, den er verdient« auf unerwartete Weise erneut bestätigt:

Der einzelne hat sein Bild verdient, das Reaktionsmuster des Partners, das Projektionsbild, das er sich von seinem Partner gemacht hat.

Er verdient den aggressiven, geizigen, zärtlichen, leidenschaftlichen, dummen, gescheiten, zuvorkommenden oder nörgelnden Partner, weil er das alles unbewußt erwirkt, projiziert oder entsprechend seiner Entwicklungsstufe interpretiert.

Wir nehmen nicht die Wirklichkeit wahr, sondern nur das Bild, das wir uns von der Wirklichkeit machen.

Makaber ist in diesem Zusammenhang, daß die meisten Menschen sich bei einer Scheidung eigentlich gar nicht von ihrem wirklichen Partner trennen, sondern nur von ihrem subjektiven Bild, das sie sich von ihrem Partner gemacht haben. Sie trennen sich von dem Trugbild ihres Partners, das schon fast einem Wahnbild gleichkommt, weil sie subjektiv so sehr von der Richtigkeit ihres Bildes überzeugt sind, daß sie unkorrigierbar bis zum Nimmerleinstag daran festhalten.

Wenn man ferner bedenkt, wie viele Menschen aufgrund der daraus resultierenden Probleme und Konflikte körperlich und seelisch erkranken oder sich gar Operationen unterziehen müssen, ist die Tragik kaum mehr zu überbieten.

Alle Sorgen, Nöte und Schmerzen waren nur die Folge eines Trugbildes.

Diese Trugbilder bzw. Phantompartner beschäftigen viele Berufssparten rund um die Uhr – Ärzte, Krankenschwestern, Masseure, Heilpraktiker, Psychotherapeuten, Priester, Wahrsager, Rechtsanwälte, Richter, Totengräber ...

All das Leid hätte nicht sein müssen, wenn man rechtzeitig erkannt hätte, daß man nur einer Täuschung unterliegt, daß die Wirklichkeit anders ist.

Da meist die Menschen im eigenen Bekannten- und Verwandtenkreis ebenfalls in diesen Trugbildern verstrickt sind, ist die Chance gering, aus der Wahnwelt auszuscheren und in die Realität überzuwechseln.

Doch wenn auch nur eine Krankheit oder ein einziger Suizidversuch durch obenstehende Ausführungen verhindert werden kann, hat das Kapitel über den Phantompartner bereits seinen Zweck erfüllt.

Wie Gefühle die Partneranziehung beeinflussen

Wie wir bereits festgestellt haben, sind Moral und Konvention dazu angetan, die seelische Harmonie der Individuen zu stören – nicht nur die Harmonie, sondern auch den Wachstums- und Entwicklungsprozeß der menschlichen Anlagen und Fähigkeiten schlechthin.

Es entstehen sogenannte Anlagendefizite, also Schwächen und Mängel, die sich ungünstig auf den Schicksalsverlauf des einzelnen auswirken und daraus resultierend entsprechende Gefühle erzeugen.

Nachfolgende Übersicht (siehe Seite 86/87) soll den Zusammenhang zwischen defizitären Anlagen einerseits sowie minus- und plusgepolten Gefühlen andererseits aufzeigen. Sie soll als Hilfestellung dafür dienen, zwischen realen und irrealen Gefühlen zu unterscheiden.

Da es sich bei den minuspoligen Gefühlen um Gefühlsreaktionen handelt, also um Gefühle, die nicht von vorneherein vorhanden sind, sondern erst durch Defizite und Hemmungen entstehen, kann man dabei von passiven Auslebensformen ursprünglich realer Gefühle sprechen.

Wer etwa seine eigene Identität gefunden hat und diese zum Beispiel auch in seiner Umgebung oder im Beruf schaffen kann, fühlt sich geborgen. Ist er dazu nicht imstande, entsteht anstelle des Gefühls der Geborgenheit das Gefühl der Ungeborgenheit. Viele Menschen verbringen ihr ganzes Leben primär damit, immer nur auf Vorgegebenes und auf bestimmte äußere Situationen gefühlsmäßig zu reagieren.

Wenn sich zum Beispiel jemand über eine Person ärgert, weil diese in der Diskussion am Vorabend alles an sich geris-

Defizitäre Anlage	Irreale Gefühle		Reale Gefühle
	Minusgepolte Gefühle	Plusgepolte Gefühle	
Defizit an Durchsetzungsfähigkeit	Gefühl von Ärger	Zorn, Aggression	Gefühl von Kraft und Vitalität; Gefühl, energetisch aufgeladen zu sein
Defizit an Eigenwert und wirtschaftlichen Fähigkeiten	Minderwertigkeitsgefühl; Gefühl von Neid	Prestigegefühl	Gefühl, wertvoll zu sein
Defizit an Ausdrucksfähigkeiten, an intellektuellen Fähigkeiten und an Lernfähigkeiten	Gefühl der Beengung; Gefühl, dumm zu sein	Gefühl, sich besser als andere ausdrücken zu können; Gefühl, intelligenter als andere zu sein	Gefühl, einen freien Aktionsradius zu haben; Gefühl, alles verstehen zu können, wenn man es verstehen will
Defizit an eigener Identität und an Geborgenheit	depressive Gefühle (in Extremform: Melancholie); sich ungeborgen fühlen	Hochgefühle (in Extremform: Manie); mütterliche Gefühle (im S. von gluckenhaftem Bemuttern)	Identitätsgefühl
Defizit an Selbstverwirklichung, an Handlungsfähigkeit	(innerer) Haß	Stolz	Gefühl, selbstbewußt zu sein
Defizit an der Fähigkeit, sein eigenes Wesen zu zeigen	Gefühl der Abhängigkeit	Gefühl, angepaßt, anständig zu sein	Gefühl, körperlich und seelisch sauber zu sein
Defizit, Schönheit und Ästhetik zu schaffen	Ekelgefühle	Gefühl, schöner und geschmackvoller als andere zu sein	Gefühl, schön zu sein

Defizitäre Anlage	Irreale Gefühle		Reale Gefühle
	Minusgepolte Gefühle	Plusgepolte Gefühle	
Defizit an Harmonie	Disharmonie; Gefühl der Dissonanz	(kompensatorisches) Harmoniegefühl	Harmonie Zufriedenheit
Defizit, nach eigenem Konzept und nach eigenen Vorstellungen leben zu können	Gefühl von Ohnmacht; Gefühl, unter Druck zu stehen	Macht	Gefühl, sich seiner selbst mächtig zu sein, Macht über sich selbst zu haben
Defizit an Sinnfindung	Gefühl der Sinnlosigkeit	Gefühl, Sinn gefunden zu haben (und ihn auch anderen vermitteln zu müssen)	Gefühl, einen Sinn zu haben
Defizit an eigenen Lebensrechten	Schuldgefühle; Schamgefühle	(neurotisches) Gefühl, ständig im Recht zu sein; (neurotisches) Verantwortungsgefühl	reales Rechtsgefühl; Verantwortungsgefühl; reales Verantwortungsgefühl
Defizit an Freiheit und Unabhängigkeit, an Abwechslung	Gefühl der Unfreiheit; Gefühl von Nervosität, Aufregung und Unruhe; Spannungsgefühl	Überlegenheitsgefühl	Gefühl, frei und unabhängig zu sein
Defizit in der Fähigkeit, Hintergründe aufzudecken, alte Maßstäbe und Ideale aufzulösen und Alternativen zu entwickeln	Angst; Unsicherheit; Schwäche	Zuversicht; Hoffnung; Sehnsucht	reale Hoffnung; Vertrauen; Ganzheitsgefühl

sen und sich rigoros durchgesetzt hat, so ärgert er sich letztendlich über sich selbst, d. h. darüber, daß er sich nicht richtig einbringen und in Szene setzen konnte.

Oder: Beneidet jemand eine Person ob ihres Reichtums, so ist dieser Neid Ersatz dafür, daß der Betreffende nicht selbst seine wirtschaftlichen Fähigkeiten ausgebildet hat und einsetzen kann.

Solche Gefühle wären nun nicht weiter schlimm, wenn sie nicht die unangenehme Eigenschaft hätten, entsprechende körperliche Reaktionen, d. h. psychosomatische Krankheiten zu erzeugen.

So ist zum Beispiel Angst, wie jedes Gefühl, immer ein psychosomatisches Gesamtgeschehen. Angst kann also nie isoliert, d. h. ohne gleichzeitige körperliche Reaktion in Erscheinung treten.

So kann sie neben dem subjektiven Angsterlebnis durch vielgestaltige Veränderungen gekennzeichnet sein, die etwa den Kreislauf in Form von Pulsbeschleunigung, Blutdruckerhöhung und Hautdurchblutung, die Atmung, die Schweißdrüsen, die Magen-Darm-Tätigkeit, den Tonus der Muskulatur und das Blasensystem betreffen.

So betrachtet wird auch klar, daß permanenter Ärger zum Beispiel Entzündungen verursachen, daß jedes Gefühl, unter Druck und Zwang zu stehen, auf der körperlichen Ebene Spasmen (Verkrampfungen) erzeugen kann und daß mit dem Gefühl von Unruhe und Spannung Unfälle und Nervenleiden einhergehen können. Man könnte sogar soweit gehen, die Krankheiten nach psychosomatischen Kriterien in solche einzuteilen, die durch Druck und Erwartungshaltungen, Hektik, Traurigkeit, Sehnsucht, Depression, Überforderung, Schein, Angst, Haß, Ärger oder Zwang entstehen.

Unglücklicherweise haben aber Gefühle nicht nur körperliche Auswirkungen, *sondern sie beeinflussen auch den Mechanismus der Anziehung von Partnern, Mitmenschen und Umweltsituationen,* der vom Unbewußten her gesteuert wird. Das Unbewußte macht also nicht nur krank oder gesund, sondern wirkt auch über den Projektionsmechanismus in der Außenwelt. Es zieht genau das im Äußeren an, was einem im Inneren entspricht, womit man eine innere Affinität (Wesensverwandtschaft) hat. Aus einem bestimmten Gefühl heraus sucht man eine bestimmte Umweltsituation auf, und weil diese Umweltsituation vorherrscht, hat man wiederum die Gefühle, die die Situation erwirkt haben.

Wie sieht dies nun bei den verschiedenen Gefühlen aus?

Ärgergefühle schwächen den Partneranziehungsmechanismus oder ziehen Partner an, bei denen man sich dann auch ärgern kann bzw. die zum Ärgern Anlaß geben.

Minderwertigkeitsgefühle verfälschen den Partneranziehungsprozeß oder ziehen Partner an, bei denen man sich minderwertig fühlen kann oder bei denen man ständig entwertet wird.

Beengungsgefühle engen den gesunden Mechanismus der Partneranziehung ein oder ziehen Partner an, bei denen man sich eingeengt fühlen kann.

Depressive Gefühle reduzieren die Partneranziehungsenergie oder ziehen Partner an, bei denen man sich depressiv fühlen kann.

Haßgefühle »verbrennen« den Partneranziehungsprozeß oder ziehen Partner an, die man auch entsprechend hassen kann.

Gefühle der Abhängigkeit minimieren die Partneranziehungsenergie oder ziehen Partner an, bei denen man sich abhängig fühlen kann.

Gefühle der Unsicherheit in bezug auf eigenen Geschmack verfälschen die Partneranziehung oder ziehen Partner an, durch die man im eigenen Geschmack verunsichert wird.

Eifersuchtsgefühle pervertieren die Partneranziehung oder ziehen Partner an, bei denen auch ein Grund zur Eifersucht bestehen kann.

Ohnmachtsgefühle unterdrücken die Partneranziehung oder ziehen Partner an, bei denen man machtlos ist oder sich ohnmächtig fühlen kann.

Gefühle der Sinnlosigkeit lösen die Partneranziehungsenergie auf oder ziehen Partner an, bei denen man alles als sinnlos empfinden kann.

Schuldgefühle bringen Hemmungen und Blockaden in die Partneranziehung (Partneranziehungsenergie befindet sich dadurch nicht mehr im freien Fluß) oder ziehen Partner an, gegenüber denen man Schuldgefühle haben kann (oder Partner, die Richterspiele absolvieren wollen).

Gefühle der Frustration blockieren den Partneranziehungsprozeß oder ziehen Partner an, bei denen man sich frustriert fühlen kann.

Streßgefühle irritieren den Partneranziehungsprozeß oder ziehen Partner an, die einen nerven oder stressen.

Angstgefühle schwächen die Partneranziehungsenergie oder ziehen Partner an, vor denen man Ängste und Heimlichkeiten haben muß.

Die bisher aufgeführten Beispiele verdeutlichen, daß der einzelne jene Situationen anzieht, die ihn belasten, frustrieren, ängstigen, verunsichern. Man wählt unbewußt den Partner, durch den die Tendenz zur Eifersucht, Aufregung, Abhängigkeit oder Depression realisiert werden kann.

Der Partner wird dringend gebraucht, um die Gefühle der Angst, der Minderwertigkeit, des Neides, der Zurücksetzung, der Frustration, der Spannung, der Ohnmacht ... ausleben zu können.

Selbst wenn der Partner objektiv gesehen gar keinen Anlaß gibt, werden solche Gefühle immer wieder erzeugt. Es ist also oft nicht die Situation als solche für ein Gefühl entscheidend, sondern die Gedanken und Bilder, die sich der einzelne darüber macht.

Dies sind jedoch Gefühle aus der Vergangenheit, jene Gefühle, die damals als Kind gegenüber den Eltern gehegt wurden.

Sie werden so lange immer wieder reproduziert, solange man die ablaufenden Mechanismen nicht zu durchschauen vermag und in der alten Gefühlsprägung verharrt. Diese Gefühlsprägung oder dieses Gefühlsraster ist primär ein Reaktionsmuster, das sich aufgrund der Situationen und Vorgaben der Familie, des Milieus, der Zeitepoche und der Kultur geformt hat.

So empfand z.B. ein Junge bei seiner dominanten Mutter mehr Gefühle der Angst und Ohnmacht als ein anderer, der auf gleiche oder ähnliche Einflüsse eher mit Trotz oder Aggression reagierte. Entsprechend dieser Reaktionsmuster sucht sich nun der Betreffende wieder eine Partnerin, die ein ähnliches Verhaltensmuster wie seine Mutter an den Tag legt, um erneut auf dieselbe Art und Weise zu reagieren, d. h. seine alten seelischen Reaktionen wieder erleben zu können. Diese Verlaufsform findet sich jedoch nur dann, wenn der Betreffende in der Kindrolle geblieben ist. Wird er zum Kompensator, übernimmt er die Elternrolle und rächt sich unbewußt an seiner Mutter, indem er seine Partnerin unterdrückt. Da er sich nicht mehr mit seiner Mutter auseinandersetzen, dort nicht mehr einen Ausgleich (Auge um Auge, Zahn um Zahn) herstellen kann, muß dies nun seine Partnerin erleiden. Deren seelische Situation wiederum steht komplementär zu seiner psychischen Struktur, weil sie diese Situation von Kindheit an gewöhnt ist und sich von ihrer Kindrolle noch nicht lösen konnte.

Hier wird deutlich, wie tiefgreifend die unbewußten Gefühle der Vergangenheit, die fast jeder mit sich herumträgt, die Partnerwahl und den Verlauf einer jeden Partnerschaft beeinflussen.

Wie wir beim letzten Beispiel gesehen haben, kann man als Elternrollenspieler und Kompensator plusgepolte Gefühle empfinden, mit denen man sich selbst »gut« fühlt, die aber beim Partner und Mitmenschen unangenehme Gefühlsreaktionen auslösen.

Die Mitmenschen haben beim Kontakt mit dem Gefühlskompensator meist eine schlechte Stimmungslage. Die plusgepolten Gefühle des Elternrollenspielers bewirken eine Partneranziehung, die umgekehrt wie beim Kindrollenspieler verläuft.

Nachfolgende Aufstellung soll dies verdeutlichen:

Irreales Gefühl	Anziehung
aggressive Gefühle	Partner, die dieses aggressive Verhalten zulassen
Prestigegefühle	Partner, die im Eigenwert gehemmt sind, die sich minderwertig fühlen
Gefühl, intelligenter zu sein als andere	Partner, die sich als unintelligent empfinden

»mütterliche Gefühle«	Partner, die sich ungeborgen fühlen und sich bemuttern lassen wollen
Gefühle des Stolzes	Partner, die demütig oder devot sind
Gefühle, moralisch »sauber« zu sein	Partner, die moralisch »unsauber« erscheinen
Gefühl, niveauvoll zu sein	Partner, die sich in ihrem eigenen Geschmack verunsichert fühlen
Machtgefühle	Partner, die Machtgebaren zulassen und sich ohnmächtig fühlen
Überlegenheitsgefühle	Partner, bei denen man sich überlegen fühlen kann, Partner, die sich unfrei fühlen
Konkurrenzgefühle	Partner, gegenüber denen man Konkurrenz empfinden kann
Gefühle des Edeltums	Partner, bei denen man sich edel fühlen kann, Partner, die sich unedel fühlen oder verhalten
Gefühl, ständig im Recht zu sein	Partner, die ihre Rechte nicht beanspruchen, die Schuldgefühle empfinden

| Sehnsuchtsgefühle | Partner, bei denen man Sehnsucht empfinden kann |

Selbstverständlich können aber auch plusgepolte Gefühle nicht nur die entsprechend gegenpoligen, sondern auch *andere* minusgepolte Gefühle auslösen, wie dies etwa bei Gefühlen des Stolzes der Fall ist, die beim anderen Gefühle der Minderwertigkeit, der Ohnmacht, der Aussichtslosigkeit und der Unsicherheit auslösen können.

Viele Menschen haben eines oder mehrere dieser irrealen Gefühle zu ihrem »Lieblingsgefühl« erklärt.

Lieblingsgefühl nennen wir das Gefühl, das vom Betreffenden am meisten gehätschelt und gepflegt wird. Einige haben den Ärger als Lieblingsgefühl gewählt, andere den sogenannten Streß. Dieses moderne Gefühl macht zwar krank, aber hebt den Eigenwert, da es in der Gesellschaft »in« ist, gestreßt zu sein. Wieder andere ziehen eine Kombi-

nation von Gefühlen vor und leben ein Leben, das sich primär als Wechsel der Gefühle von Unterlegenheit und Überlegenheit abspielt. Man kann aber auch eine Mischung aus Depression, Abhängigkeit und Angst leben oder die Mischung aus Prestige, Edeltum und Sehnsucht.

Fest steht, daß die meisten Menschen sich bedingt durch minus- oder pluspolige Gefühle in irrealen Bezügen aufhalten und dadurch echtes Glück oder wirkliche Lebensqualität nicht erwirken.

Mit Ärger, Haß, Depression, Neid, Nervosität, Angst, mit Aggression, Prestige, Stolz, Anstand, Rechthaberei und Überlegenheit als Lebensgefühl lebt man auf einem Nebenfeld des Seins. Man lebt nur ein Reaktionsmuster, ein Ersatzleben, ein Scheinleben.

Besinnungsfragen bezüglich der eigenen Gefühlsentwicklung

– Was habe ich bei meiner Mutter für Gefühle entwickelt?

– Herrschte im Elternhaus eine bestimmte seelische Grundstimmung vor?

– Welche Gefühle tauchen primär im Kontakt mit meinem Vater auf?

– Welche Gefühle kommen im Zusammenhang mit meinen Geschwistern vor?

– Wie viele meiner Ersatzgefühle gehen auf das Konto von Moral und Konvention? Welche Gefühle entwickelte und entwickle ich aufgrund von Maßstäben und Normen meines Milieus, in dem ich aufgewachsen bin?

– Welche Gefühle hatte ich vorwiegend in meinen früheren Beziehungen?

– Liegt ein Wiederholungszwang vor?

– Welche Gefühle werden durch meine derzeit bestehende Partnerschaft aktualisiert?

Partneranziehung nach dem Gesetz der Wiederkehr des Verdrängten

Das Gesetz der Wiederkehr des Verdrängten besagt, daß eine Anlage, Fähigkeit oder Energie, die im eigenen Leben verdrängt, also nicht eingesetzt wird, unbewußt projiziert wird und über den Mechanismus der Partneranziehung quasi durch die Hintertür wieder hereinkommt. Die Anlage oder Energie zeigt sich dann jedoch nicht mehr im ursprünglichen physiologischen Zustand, sondern kehrt – da sie durch den Akt der Verdrängung pervertiert wird – in einer überzogenen Form wieder.

Insofern stimmt die in Esoterikerkreisen so weit verbreitete Ansicht, daß der Partner der eigene Spiegel sei oder das Motto »Das, was du beim Partner siehst, das bist auch du« nur bedingt.

Man gleicht nach dem Gesetz der Wiederkehr des Verdrängten nicht dem Partner, hat nicht dasselbe pathologische Verhalten, sondern der Partner lebt das pervertiert aus, was einem selbst fehlt oder was man zu wenig investiert hat oder umgekehrt: man selbst lebt übertrieben etwas aus, woran der Partner Mangel leidet. Insofern besteht eine Paradoxie: der Partner fungiert als Spiegel und wiederum doch nicht. Er spiegelt nicht das eigene Fühlen, Denken oder Handeln, sondern das eigene Verdrängte, und das macht einen großen Unterschied.

Vielleicht kann dies der folgende Fall deutlicher machen:

Petra K. ist eine geistig vielseitig interessierte Frau (42), bei der sich aufgrund von vielen Erfahrungen, Überlegungen und Studien eine eigene Weltanschauung herauskristallisiert hat. Da sie jedoch in ihrem Elternhaus dazu erzogen wurde,

anständig zu sein, was hier hieß, sich nicht wichtig machen zu wollen und immer dankbare Zuhörerin zu sein, ließ sie immer zuerst ihre Mitmenschen agieren, um dann entsprechend reagieren zu können. Dies sah nun so aus, daß andere sie ständig mit irgendeiner religiösen Sekte oder einer politischen Ideologie indoktrinierten und ihr zeigen wollten, nach welchen Maßstäben und Normen sie leben müßte, um glücklich zu werden. Petra mußte sich ständig gegen den Missionseifer von Kollegen und Kolleginnen und auch gegenüber privaten Besuchern in ihrem Heim zur Wehr setzen und hatte dabei das Gefühl, selbst auf der Strecke zu bleiben.

Über das Gesetz der Wiederkehr des Verdrängten kann die Problematik analysiert und schließlich auch gelöst werden:
Indem sie sich mit ihrer Weltanschauung nicht von vornherein durchsetzte, sondern den anderen den Vortritt ließ, zog sie mit diesem Verhalten immer nur Personen an, die ihr Verdrängtes zum Ausdruck brachten. Das Unbewußte der anderen hatte das Gefühl: da ist jemand, der noch keine Weltanschauung hat! Den müssen wir bekehren, dem müssen wir das Fehlende auffüllen!
Und wenn sich Petra stets über den »Sektenquatsch« ärgerte, ärgerte sie sich eigentlich über die Widerspiegelung ihrer verdrängten, nicht in Erscheinung getretenen Weltanschauung.
Die Lösung konnte also nur lauten: die eigene Weltanschauung in ein Konzept zu fassen und sich damit im Verwandten-, Bekannten- und Kollegen-Kreis einzubringen. Es darf in ihrem Umfeld niemanden mehr geben, der ihre Weltanschauung nicht kennt. Insofern nehmen die anderen sie endlich einmal wahr und müssen jetzt – eine Umkehrung der früheren Situation – auf sie reagieren.
Entweder sie akzeptieren ihre Lebensphilosophie bzw. Weltanschauung oder sie sagen ihr den Kampf an. Daß sich hier die Spreu vom Weizen trennt, mag zunächst für Petra ein schmerzhafter Prozeß sein, doch letztendlich wird sie durch ihr neues Verhalten, dadurch, daß sie Farbe bekennt, sicher nicht mehr ständig »Missionaren« begegnen, die ihr ihr »Heil« aufzwingen wollen.
Ähnlich ist der Fall bei Frank B., einem 52jährigen Geschäftsinhaber: Frank ist zur Bescheidenheit erzogen worden. Er machte deshalb weder Werbung für sich noch für sein Geschäft. Dagegen war seine Partnerin Jeanette, mit der er seit fünf Jahren zusammenlebte, darin sehr versiert. Obwohl sie kaum etwas in die Beziehung einbrachte – weder wirtschaftlich noch in bezug auf Fähigkeiten oder Taten, rührte sie ständig die Werbetrommel, was sie alles für Frank

macht und was sie alles leistet. In Frank wuchs ein innerer Groll, weil er die Diskrepanz zwischen dem, was vorgegeben wurde, und dem, was der Wirklichkeit entsprach, kaum mehr ertragen konnte. An ihm hing die ganze Arbeit im Geschäft und zu Hause, und seine Partnerin drehte alles um bzw. verkaufte sich so hervorragend, daß sie z. B. die Zubereitung eines Abendbrotes vorher überall ankündigte und hinterher noch monatelang davon berichtete.

Durch die stete Wiederholung und die permanente Propagandataktik seiner Freundin wußte Frank oft nicht mehr, ob er seiner Wahrnehmung noch trauen konnte.

Doch auch hier wurde mittels des Gesetzes der Wiederkehr des Verdrängten die Situation schnell klar.

Indem Frank kein Aufhebens von seinen Leistungen machte und auch beruflich zu wenig Werbung betrieb, mußte Jeanette diese Energie überdimensioniert und pervertiert ausleben.

Nur, wenn Frank fähig wird, das zu tun, wogegen er eine so große innere Abwehr aufgebaut hat, nämlich »Reklame für sich selbst« zu machen, kann er hoffen, daß er aus dieser fast gespenstisch anmutenden Situation erlöst wird und eine bessere Partnersituation erreicht.

Wenn man sich seine verdrängte Anlage, die der andere für einen auslebt, zurückholt, entsteht Harmonie und Ausgleich im eigenen Persönlichkeitssystem. Gelingt es, diese Anlage zu leben, stört die Überkompensation des Partners nicht mehr. In einigen Fällen hört sogar der Partner auf, die entsprechende Anlage überzudimensionieren.

Mangel an:	Wiederkehr des Verdrängten
Durchsetzung Initiative Aktivität sportliche Fähigkeiten Mut Triebentwicklung	Egoist Agressor Choleriker Fan von Skirennen, Autorennen, Motorradrennen etc. Sportwagenfahrer Partner, der Ärger verursacht Partner mit zu schwachem oder zu starkem Triebleben
Abgrenzung Eigenwert Finanzen Vorrat Sicherheit eigener Reviersicherung Sammeltrieb	Sicherheitsfanatiker (z.B. Partner, der überversichert ist) Sammler (Briefmarken, Bierdeckel, Münzen etc.) Revierverletzer (einer, der die Grenzen des anderen verletzt) Partner, der Geld als Lock-, Macht- oder Druckmittel verwendet Partner, der verschuldet ist
Kommunikationsfähigkeit technischen Fähigkeiten praktischen Fähigkeiten Intellekt Information	Quasselstrippe Partner, der ständig Zeitung liest, Nachrichten oder Quizsendungen schaut Heimwerker Intellektueller Computerfreak Technik-Begeisterter

Mangel an:	Wiederkehr des Verdrängten
eigener Identitätsfindung Geborgenheit seelischer Wärme Familienleben eigener Gefühlsentwicklung Wahrnehmung der Stimme der Natur seelischer Eigenart	»Madonna« (= Gegenpol zur Hure) Partner, der an Familientradition festhält Partner mit Problemkind (z. B. aus 1. Ehe) Katzenhalter Partner, der sich ständig verletzt fühlt Partner, der dauernd irreale Gefühle (z. B. Depressionen) produziert, Partner, dem man ununterbrochen Aufmerksamkeit schenken muß Partner, der ohne Musikberieselung nicht auskommt
erwachsenem Verhalten Selbständigkeit Licht Handlungsfähigkeit Managementfähigkeiten Selbstrealisation Kreativität Spieltrieb	Partner, der an einer Verhaltensstörung leidet Angeber, Prahler, Blender Partner, der viel handelt, aber dabei viel falsch macht (Leichtsinnsdelinquent) Partner, der primär für sich alleine lebt verschrobener Künstler Spieler
Sauberkeit und Ordnung Selbstanalyse Selbstkritik	Sauberkeits- und Ordnungsfanatiker (Amateur-)Psychoanalytiker Kritiker

Mangel an:	Wiederkehr des Verdrängten
Gesundheitsbewußtsein Erfüllung in der Arbeit	Kränkelnder Partner Hypochonder Nahrungsapostel Workaholiker der sich im Detail Verlierende
Schaffen von Schönheit und Ästhetik in der Umwelt (in Nahrung, Kleidung, Wohnung, Auto etc.) Ausbildung und Durchsetzung des eigenen Geschmacks erotischen Fähigkeiten Etikette Strategie und Taktik Werbung für sich selbst	Partner mit »Niveau« und »Ambiente« Partner, der seinen Geschmack dogmatisiert »Hure« (auch Konkurrentin, die man so sieht) Pornoleser Kavalier (nur als Rolle) Diplomat (nur als Rolle) Partner, der alles strategisch angeht Schaumschläger Partner, der ständig Propaganda für sich selbst macht
Macht über sich selbst eigenem (Lebens-)Weg eigenem Lebensprogramm eigenem geistigen Besitz eigenen Vorstellungen eigener Meinung	dominanter Partner Machtstreber Guruanhänger Hundehalter Unterdrücker Partner, der Erwartungsdruck ausübt Zwangsneurotiker Partner, mit einer Fixierung Partner, der eine Ideologie fanatisch vertritt

Mangel an:	Wiederkehr des Verdrängten
eigener Sinnfindung eigener Weltanschauung (echter) Toleranz Einsichtsfähigkeit Weiterbildung Weiterentwicklung der geistigen Anlagen	religiöser Fanatiker Anhänger einer bestimmten weltanschaulichen Richtung oder einer bestimmten Philosophie Intoleranter (z. B. Ausländerfeind) Partner, der mit herkömmlicher Schulbildung glänzen will Partner, der Bildung (Oper, klassische Literatur, klassische Musik etc.) konsumiert
Verantwortung (dem eigenen und dem fremden Leben gegenüber) eigenem Gesetzeskodex eigenen Zielen Beruf(-sfindung) Durchsetzung der eigenen Rechte Ehrgeiz	Maßregler Richter Strafvollzieher Wichtigtuer Moralapostel Rechthaber Streber nach Ehre, Ruhm und Anerkennung
Freiheit Unabhängigkeit Emanzipation Abwechslung Fähigkeit, sich aus der Norm zu befreien Individuation	Partner, der auf Distanz geht (kommt nur zweimal die Woche oder nur gelegentlich) Seitenspringer Emanze Abenteurer Partner, der nervt

Mangel an:	**Wiederkehr des Verdrängten**
Phantasie	Süchtiger (Raucher, Trinker, Drogenabhängiger etc.)
Fähigkeit, Hintergründe aufzudecken	Chaot
eigenen Alternativen	Spinner, komischer Kauz
Bewußtseinserweiterung	Träumer
eigenen Wünschen und Träumen	Illusionist
Zweifel am Herkömmlichen	Alternativler (im Sinne eines neuen Einheitsverhaltens und einer Einheitskleidung)
Auflösung von alten Normen und Idealen	

Partnerschaftsanalyse

Aufgrund der Beispiele von Petra und Frank (Seite 97 – 100) wird evident, daß das Gesetz der Wiederkehr des Verdrängten sich hervorragend zur Analyse sowohl von vergangenen als auch von aktuell bestehenden Partnerschaften eignet.

Oberste Priorität hat hier die Frage:

Was stört mich beim Partner am meisten?

Die Antwort zeigt auf, welche Anlage im eigenen Persönlichkeitssystem ausgebildet werden muß, damit der Störfaktor, der vom Partner ausgeht, aufgelöst werden kann.

Im Komparativ könnte man diese Regel so ausdrücken: Je pervertierter, irrealer oder fanatischer der Partner etwas auslebt, desto mehr fehlt mir dieses Prinzip in der realen Form. Will der Partner ständig nur in noblen Gourmetrestaurants absteigen, fehlt es mir an Genußfähigkeit und an Stil, telefoniert er pausenlos mit seinen Freunden, habe ich selbst zu wenig echte Freundschaften aufgebaut. Legt er permanent ein Machtgebaren an den Tag, demonstriere ich selbst zu wenig meine Ebene und meinen Rang in der Machthierarchie (in der Kollektivneurose) oder habe ich zu wenig Macht über mich selbst (bei realem Ausleben der Anlage). Übt der Partner keine Selbstkritik, so daß ein fruchtbares Gespräch kaum möglich ist, kann es sein, daß ich zu viel analysiere und mich ständig zu sehr in Frage stelle. Ist der Partner stolz wie ein Pfau, lasse ich zu wenig mein Licht nach außen strahlen. Will der Partner permanent recht haben, verstehe ich selbst meine Lebensrechte nicht wirklichkeitsadäquat durchzusetzen. Nervt mich der

Partner durch Dogmatisierung seines Geschmacks, seiner Vorstellung von Schönheit und Ästhetik, habe ich in meinem Umfeld zu wenig meinen eigenen Geschmack ausgedrückt.

Der Partner zeigt mir also durch das, was er aus meiner Sicht übertrieben auslebt, welche Lern- und Entwicklungsprozesse ich zu absolvieren habe, welche Anlagen ich ausbilden müßte.

Nachfolgend sehen wir, zu welchen Ergebnissen die Partnerschaftsanalyse von Birgit, einer 32jährigen Seminarteilnehmerin, die seit 5 Jahren mit Herbert (41) liiert ist, führte:

Herbert	Birgit
keine Selbstkritik	zuviel Selbstkritik, stelle bei mir zuviel in Frage Aufgabe: weniger selbstkritisch sein, ich muß nicht alles 100 % beherrschen
wähnt sich immer im Recht, stellt sich permanent als »Besserwisser« dar	habe bisher mein angesammeltes Wissen zu wenig dargestellt Aufgabe: Mein Wissen besser und effektvoller darstellen
Unordentlich, chaotisch, arbeitet nicht sauber und korrekt	ich bin zu genau Aufgabe: weniger genau, weniger pingelig sein
nicht vorsichtig	ich bin übervorsichtig Aufgabe: Etwas weniger Vorsicht heißt noch nicht, unvorsichtig zu sein! Weniger Vorsicht reicht auch.

will seine Meinung um jeden Preis durchsetzen	Ich vertrete zu wenig meine eigene Meinung Aufgabe: Meine Meinung überall ins Feld führen
kann sich nicht anpassen	Ich passe mich zuviel an Aufgabe: Nur dort anpassen, wo es unbedingt notwendig ist. Aufhören, im Sinne anderer zu funktionieren
ist geizig	Ich bin zu wenig sparsam Aufgabe: Disziplinierter mit Geld umgehen, sparsamer werden.
ist gefühlsmäßig sehr schnell verletzt, er will ständige Aufmerksamkeit, man soll sich ihm immer widmen wie einem Kleinkind	ich lebe zu wenig meine seelische Eigenart, habe zu wenig eigene Gefühle entwickelt. Habe meiner inneren Stimme bisher zu wenig Aufmerksamkeit geschenkt. Aufgabe: Erkennen, wo und womit ich mich wohl fühle, und das Recht durchsetzen, mein Leben nach diesen Wohlgefühlen zu gestalten. Eigene Identität besser ausbilden und danach leben.

Leider werden in fast allen Beziehungen die verborgenen Hinweise des Partners nicht dankend angenommen, sondern es wird im Gegenteil ein Feindbild aufgebaut, das es zu bekämpfen gilt.

Da man die Problematik nicht nach dem Gesetz der Wiederkehr des Verdrängten interpretiert, sondern nach der eigenen subjektiven Empfindung, ist es unmöglich, aus diesem Teufelskreis auszubrechen und zu einer Lösung zu kommen. Weil man mit diesen Hinweisen nicht richtig umzugehen weiß, gelangt man im Laufe der Zeit immer mehr in die Erleidensform, sprich: man kann den Partner in seinem pervertierten, überzogenen Ausagieren nicht mehr ertragen und beendet schließlich über kurz oder lang die Beziehung.

Man glaubt dann, daß mit einem anderen Partner alles besser wäre oder kommt zu dem Schluß, nur noch alleine leben zu müssen, weil man sich einem solchen Schmerz nicht mehr aussetzen will. Auf diese Weise ist es möglich, die Lernschritte, die notwendig gewesen wären, um sich zu entwickeln und zu wachsen, erfolgreich abzuwehren.

Wenn wir die Situation noch von einem anderen Blickwinkel aus betrachten, so fällt auf, daß ein Zusammenhang besteht zwischen einer körperlichen Erkrankung bzw. dem Krankheitsbild, das sich entwickelt hat, und dem Bild, das man sich vom Partner macht.

Beide sind auf eigenes verdrängtes Potential, auf ungelebtes Leben zurückzuführen. Insofern stellt die körperliche Symptomatik die Krankheit »innen« dar, während der Partner quasi die eigene »äußere Krankheit« (subjektiv gesehen) symbolisiert. Ob in der Innen- oder in der Außenwelt, immer wieder wird man mit den eigenen Verdrängungen konfrontiert. Die Frage ist nur, ob man mehr dazu neigt, auf den Körper zu projizieren oder auf die Außenwelt, hier auf den jeweiligen Partner, der scheinbar seelische Schmerzen verursacht. Genauso wie der einzelne bei einer Krankheit wissen sollte, was die Krankheit bedeutet, was sie ihm sagen will, und fähig sein sollte, die Symbolsprache der Organe zu dechiffrieren, so wäre es wichtig, erkennen zu können, was die »äußere Krankheit« in Form eines Partners, der bestimmte Anlagen überzogen ausagiert, für ihn *bedeutet.*

Sowohl die körperliche Erkrankung als auch die Verfleischlichung des eigenen Verdrängten, der Partner, sind Hinweise und Signale, die es zu beachten gilt. Durch ihre Spiegelungen erhält man eine Orientierung, welche Schritte zukünftig zu unternehmen sind, um ganzer zu werden, um innen und außen gesünder leben zu können.

Es ergibt also wenig Sinn, eine Beziehung willentlich zu beenden, ohne die entsprechenden Lernaufgaben bewältigt zu haben. Ganz abgesehen davon, daß ein solches »Schlußmachen« oft auch »böses Blut« erzeugt, der Partner reagiert mit Aggression, Wut und Rachegelüsten.

Die Lösung kann also nur lauten, die entsprechenden Anlagen und Eigenschaften real zu entwickeln, die der Partner überzogen oder pervertiert auslebt.

Auf diese Weise wird entweder der Partner zu einem anderen Ausagieren veranlaßt oder ebenfalls zur Entwicklung gedrängt – oder die Beziehung wird dadurch auf »elegante Weise« aufgelöst. Im letzteren Fall handelt es sich um eine realistische Auflösung, d. h., die Beziehung ist reif für die Beendigung, während bei einer Trennung vom Partner, die willentlich und verstandesmäßig vorgenommen wird, weil man die Frustration und die seelischen Schmerzen nicht mehr ertragen kann, die Beziehung in einem Stadium abgewürgt wird, in dem noch viele Entwicklungsprozesse zu absolvieren gewesen wären.

Während in einem solchen Fall später in einer neuen

Partnerschaft vom Schicksal bzw. vom Unbewußten wieder eine ähnliche Problematik geliefert wird, kann durch die Ausbildung der Anlagen tatsächlich eine Beziehung auf einer »höheren« und angenehmeren Ebene erreicht werden. Oder, um noch einmal auf die Beziehung zwischen innerer und äußerer »Krankheit« zurückzukommen: Wenn eine Anlage real und gesund ausgebildet und eingesetzt wird, wird die Disposition, immer wieder an einer bestimmten Schwachstelle des Organismus zu erkranken, und die Disposition, immer wieder denselben Partnertypus anzuziehen, gelöscht.

Aber wie ist die Situation zu beurteilen, wenn das Verhalten des Sportwagenfahrers, Workaholikers, Hundehalters, Chaoten etc. einen selbst *nicht* stört? In einem solchen Fall besteht offensichtlich keine Aufforderung des Schicksals, auf dem entsprechenden Lebensgebiet Korrekturen vorzunehmen. Entweder weil man selbst ähnlich strukturiert ist und so keine Aversionen bestehen, etwa wenn man selbst gerne sportliche Autos fährt oder wenn man auch Hunde liebt; oder weil man vielleicht sogar froh ist und einen Vorteil oder Nutzen daraus zieht, daß der Partner dieses Verhalten an den Tag legt, weil man sich – etwa wie beim Arbeitssüchtigen – freier entfalten kann oder sich finanziell keine Sorgen zu machen braucht.

Und noch eine Frage muß geklärt werden: Hat denn der Partner, den man nach dem Gesetz der Wiederkehr des Verdrängten angezogen hat, nicht umgekehrt auch Schwierigkeiten und seelische Schmerzen? Erleidensformen und Frustrationen sind zwar geringer, weil er sich häufig an der Person, die Anlagendefizite aufweist, stabilisiert, aber man kann sich vorstellen, daß auch hier das Schicksal »zuschlägt«. So kann es sein, daß er leidet, weil man sich so geschmacklos kleidet, weil das Ambiente in der Wohnung zu

wünschen übrig läßt, weil man Katzen nicht mag oder die Begeisterung für seine Briefmarkensammlung nicht teilt.

Im folgenden soll aufgezeigt werden, wie man unbewußt durch Anlagendefizite, durch mangelnde Investitionen an Fähigkeiten oder durch falschen Energieeinsatz scheinbar ungünstige Partnerkonstellationen anzieht:

Gebundene Partner, Partner, die weit entfernt wohnen, Partner mit Anhang, Hysteriker, Raucher, Partner mit einem Manko, Choleriker, Versager, Trinker, Partner, die sich auf einer anderen Bewußtseinsstufe befinden ...

Auch hier geht es nicht um Schuldzuweisung, sondern um Bewußtwerden der Anziehungsmechanismen, der Lernschritte, die absolviert werden müßten, und um Auswege, die sich dadurch eröffnen.

Aus diesem Grund erübrigt sich auch hier die Frage nach der Determination. Determiniert ist der einzelne nur, solange er in seinem alten Verhalten oder Denken verharrt. Entwickelt er sich weiter, hat er eine andere Affinität und zieht damit einen anderen Partner an – oder er erlebt mit dem bis-

herigen Partner einen entscheidenden Wandel in der Beziehung.
  Es geht also um die Frage:
Was kann ich bei mir selbst verändern, um bessere Bedingungen und Umstände anzuziehen?

Diese Frage wirft sich sowohl für denjenigen auf, der Anlagendefizite aufweist, als auch für dessen Partner, der ein Prinzip übersteigert auslebt.

Schon vergeben:

Verheirateter oder bereits gebundener Partner

Bei der Anziehung eines verheirateten oder bereits gebundenen Partners wird die Diskrepanz zwischen bewußtem und unbewußtem Wollen besonders deutlich.

Bewußt möchte man einen freien, ungebundenen Partner, das Unbewußte aber entscheidet sich für einen, der schon »vergeben« ist.

Welche Gründe können das Unbewußte bewegen, sich für einen scheinbar ungeeigneten Partner zu entscheiden? Welche Defizite und Abwehrhaltungen schlummern im

Unbewußten und schlagen dem Betreffenden ein Schnippchen?

a) Durchsetzungsschwäche

Da der Betreffende große Schwierigkeiten hat, sich und seine Belange gegenüber dem Partner durchzusetzen, entscheidet sich das Unbewußte aus Angst vor Vereinnahmung, aus Angst in einer Beziehung auf der Strecke zu bleiben, für einen bereits gebundenen Partner. In diesem Fall besteht weniger Gefahr, sein eigenes Selbst opfern zu müssen.

b) Abgrenzungsschwäche

Wer eine Beziehung eingehen und mit einem Partner über längere Zeit zusammenwohnen und -leben will, muß über eine hervorragend ausgebildete Abgrenzungsfähigkeit verfügen. Besitzt er diese Fähigkeit nicht, fühlt er sich in einer festen Beziehung wie lebendig begraben. Der Partner gewinnt dann mehr und mehr an Macht.

Um sich jedoch gegenüber dem Partner abgrenzen zu können, ist wiederum ein gesunder Eigenwert erforderlich. Ansonsten wagt man nicht ohne Ängste und Skrupel, nein zu sagen.

Hierbei ist die seelische und geistige Abgrenzung genauso wichtig wie die materielle bzw. räumliche Abgrenzung. Es geht darum, den eigenen Bereich, die eigene Privatsphäre, den eigenen Besitz, den eigenen Lebensstil, die eigene Zeitstrukturierung, die eigene Ideologie oder Weltanschauung gegenüber dem anderen abzugrenzen.

Wer anderen nicht seine Grenzen zeigt, zieht ständig Machthaber und Revierverletzer an, die seine körperlichen, seelischen und geistigen Grenzen mißachten, die sich in seinem seelischen Land tummeln, über seine Zeit verfügen und ihm die wertvollen Lebensenergien rauben wollen. Wer hier nicht aufpaßt, wird über kurz oder lang vom anderen fremdbestimmt. Er befindet sich in Anwesenheit des dominanten

Partners nur noch in einer Art Trancezustand und steht quasi neben sich.

Hier sagt das Unbewußte: »Das halten wir auf Dauer nicht durch. Aus diesem Grunde ist es besser, wir ziehen einen Partner an, der schon gebunden ist, dann brauchen wir keine Angst zu haben, unser Revier und unsere Zeit gänzlich dem Partner opfern zu müssen.«

c) Weigerung, die traditionelle Frauenrolle oder traditionelle Rolle als Mann einzunehmen.

Das Unbewußte einer Frau, die an einen verheirateten Mann gerät, sagt hier (sofern es noch patriarchal strukturiert ist): »Soll doch die Ehefrau für ihn kochen, seine Wäsche waschen, seine Socken stopfen, seine Hemden bügeln und seine Wohnung sauberhalten, ich will mit ihm nur die Sonnenseite des Lebens erleben: essen in schicken Restaurants, ausgehen, Theatervorstellungen besuchen, Reisen in ferne Länder und Kulturen unternehmen sowie leidenschaftliche Nächte erleben.«

Bewußt aber erklärt diese Frau dem verheirateten Mann, daß sie nicht gewillt ist, auf Dauer nur die zweite Geige zu spielen.

»Ich will dich ganz erleben, Fred«, fordert sie dann, »nicht nur deine Schokoladenseite. Ich will in guten wie in schlechten Tagen zu dir halten, mit dir durchs Leben gehen. Ich will dauerhaft mit dir leben, hörst du, nicht nur einige Tage oder Wochen mit dir zusammensein.«

Was sie jedoch nicht weiß, ist, daß sie zu dem, was sie sich wünscht und wohin all ihre Sehnsucht geht, meist noch gar nicht fähig ist. Sie mag vielleicht als *Geliebte* geeignet sein, ob sie aber als *Ehefrau* und *Hausfrau* den Alltag mit ihm teilen kann, ist zweifelhaft. Irgendwelche Bedenken dieser Art, sei es, daß sie von außen an sie herangetragen werden oder daß sie sich als kurz aufblitzende

Zweifel in ihrem Bewußtsein bemerkbar machen, wischt sie weg mit der meist irrealen Vorstellung, daß beide den Haushalt gemeinsam meistern könnten, daß das viel Spaß machen würde und kein Aufwand wäre, weil so alles viel schneller erledigt sei.

Kurzum, zur Geliebten sind ganz andere Fähigkeiten erforderlich als zur Ehefrau, Hausfrau und Mutter. Viele Frauen können nur einen Pol leben und haben dann zwangsläufig den anderen Pol in der Projektion – die Geliebte projiziert unbewußt auf die Ehefrau, die Ehefrau auf die Geliebte.

Erst wenn die Geliebte bereit wäre, auch die Anlagen und Fähigkeiten auszubilden, die die Ehefrau auszeichnen, besteht unter Umständen ernsthaft die Möglichkeit, daß der Mann sich scheiden läßt und zur neuen Partnerin überwechselt.

Ansonsten bleibt das Dreiecksverhältnis bestehen, weil der Mann auf diese Weise die Ganzheit der Weiblichkeit erleben kann. Aus diesem Grunde hat er natürlich großes Interesse, die bisherige Konstellation beizubehalten.

Häufig ist es jedoch auch so, daß die Geliebte aus anderen Gründen nicht geeignet wirkt, die einzige und alleinige Partnerin für den betreffenden Mann zu sein. Sei es, daß sie in den Augen dieses Mannes zu ordinär in der Darstellung, zu primitiv in der Ausdrucksweise, zu wenig einfühlsam, zu wenig repräsentativ, zu wenig intelligent, zu wenig gebildet, zu wenig opferbereit, zu wenig sanftmütig, zu wenig treu, zu wenig ehrlich, zu wenig zurückhaltend oder zu fordernd, zu dominant, zu selbstherrlich, zu geldgierig, zu aggressiv, zu hysterisch, zu anstrengend erscheint oder die Nerven zu sehr strapaziert. Oder es ist nur ein kleiner Ausschnitt der Wirklichkeit mit ihr erfahrbar, und alles, was der Mann sonst noch ausleben möchte, kann nicht erlebt werden.

Ebenso kann es sich in der Sexualität verhalten. So kann eine Ebene der Sexualität nur mit der Geliebten erlebt werden, während eine andere Ebene nur mit der Ehefrau oder der »Hauptpartnerin« erfahrbar ist. Was die eine nicht geben kann, kann die andere bieten und umgekehrt. Warum soll auch in diesem Fall ein Mann der Entweder-Oder-Ideologie der alten Moral frönen und sich gänzlich für eine Frau entscheiden, wenn ihm bei jeder jeweils etwas zu seiner Ganzheit fehlt?

Was über die Ehefrau und die Geliebte gesagt wurde, ist fast gänzlich übertragbar auf Ehemann und Geliebter.

Auch hier gilt: Ein »Lover« hat ganz andere Anlagen und Fähigkeiten ausgebildet, identifiziert sich mit einer ganz anderen Rolle als ein Ehemann, der sich mehr in der Rolle des Versorgers und des Halt-, Schutz- und Sicherheitgewährenden sieht.

Das Erstaunliche ist jedoch, daß sowohl der Lover als auch die Geliebte meist glauben, ohne weiteres auch die andere Rolle einnehmen zu können. Es mangelt hier des öfteren an Realitätssinn, an Selbstkritik und an einem realistischen Selbstbild – alles auch Gründe, die den Ehemann oder die Ehefrau zur Vorsicht mahnen.

d) Freiheitsdrang

Das Unbewußte sagt sich hier, wieso sollen wir einen Partner anziehen, der ungebunden ist, wenn dadurch die Gefahr besteht, daß wir unsere Freiheit verlieren? Im Bewußten hingegen ist man davon überzeugt, daß es möglich ist, auch innerhalb einer Beziehung frei und unabhängig zu sein. Da jedoch das Unbewußte für den Partneranziehungsmechanismus verantwortlich ist, zieht man auch in diesem Fall Partner an, die bereits gebunden sind. Auf diese Weise ist es möglich, trotz Beziehung weiter frei und unabhängig zu leben, einen großen Freundeskreis zu unterhalten, auszugehen, zu kommen und zu gehen, wann man will.

Die Anlage »Bindung und Verpflichtung an den Partner«, die unbewußt blockiert ist oder abgewehrt wird, läßt sich etwa auf den Ehevertrag des anderen projizieren. Insofern erscheint der Hemmschuh scheinbar außen und noch dazu als vom anderen ausgehend. Man selbst aber steht dabei mit einer reinen makellosen Weste da und kann sich und der Welt versichern, daß man zu einer festen Partnerbeziehung bereit wäre, also die erwartete Norm erfüllen würde, wenn man nicht das Pech gehabt hätte, ausgerechnet einen Partner zu lieben, der schon anderweitig vergeben ist. Man kann also die äußeren Umstände verantwortlich machen und braucht auf diese Weise keine Selbstüberprüfung durchzuführen.

e) Unerreichbare Liebe

Manche Menschen sind so konstelliert, daß sie etwas erst dann interessant finden, wenn es unerreichbar ist oder wenn sich die betreffende Sache oder Person im »Besitz« eines anderen befindet. Unbewußt lieben sie das Spiel und die Spannung, die damit verbunden ist. In dem Moment aber, wenn das Ziel erreicht ist, ist es bereits uninteressant, und man sucht zwanghaft wieder nach einem neuen Nervenkitzel. Die Betreffenden bestreiten zwar eine solche innerseelische Tendenz auf das heftigste, doch die Wirklichkeit zeigt das Gegenteil. Unbewußt haben sie in der Vergangenheit immer wieder »zufällig« solche Situationen aufgesucht und tun dies aufgrund eines Wiederholungszwanges meist auch in der Zukunft. Ein solcher Mechanismus kann meist erst abgestellt werden, wenn der Betreffende sich seiner unbewußten Tendenzen bewußt wird und durch Ausbildung seiner Anlagen mehr Eigenwert gewinnt.

f) Prägung aus der Vergangenheit

So wie man früher mit seiner Schwester oder seinem Bruder um die Gunst von Mami und Papi buhlte, so tritt man später – es hat sich inzwischen ein entsprechendes seelisches Muster herausgebildet – mit einem anderen Mann oder einer anderen Frau in eine Konkurrenzsituation.

Man findet in solchen Fällen wie mit Hilfe eines Radargerätes heraus, mit welchen Personen wir unsere frühesten Konflikte wiederaufleben lassen können, um sie noch einmal durchzuspielen und schließlich zu lösen. Es ist, als ob man auf einer tieferen Ebene jenen anderen erkennt, der einem bei seinen Bemühungen helfen kann, Dinge, die eigentlich zur Vergangenheit gehören, hinter sich zu bringen.

Der Entwicklungsschritt und die Lösung liegen darin, zu erkennen, daß man keinen anderen Menschen besitzen kann und daß man versucht, mehr sein eigenes Leben zu leben, um nicht mehr so stark auf den anderen projizieren zu müssen. Wenn es gelingt, auf diese Weise loszulassen, wird man meistens für den anderen interessanter, als wenn man sich im Konkurrenzkampf erschöpft.

Fazit: Wer unbewußt einen verheirateten oder bereits gebundenen Partner wählt, hat nach den Gesetzen des Lebens verschiedene Bewußtwerdungsprozesse zu durchlaufen. Ohne diese schicksalshafte Erfahrung könnte der Betreffende wahrscheinlich bis zu seinem Tode im alten Fühlen und Denken im Sinne der herkömmlichen Moral verharren.

So aber hat er die Gelegenheit, sich bewußt zu werden,

daß ein verheirateter oder gebundener Partner auch ein potentieller Partner sein kann;

daß der Familienstand einer Person, von den Lebensgesetzen her gesehen, ziemlich unwichtig ist – entscheidend sind nur die Fragen der Sympathie, des Verstehens, der gleichen Wellenlänge, der körperlichen, seelischen und geistigen Übereinstimmung, der Liebe ...

daß eine Ehe auch scheitern kann;

daß sich die Liebe nicht zeitlebens auf einen einzigen Partner festlegen läßt;

daß das künstliche Gebilde der alten Moral in Frage gestellt werden muß;

daß die Wirklichkeit des Lebens immer wieder der Wahnwelt der alten Moral ein Schnippchen schlägt;

daß Heimlichkeiten die natürliche Reaktion auf eine lebensverneinende Moral sind.

So weit weg:

Partner, der weit entfernt wohnt

Sie wohnt in München, er in Hamburg. Sie sind 800 km voneinander entfernt. Weit genug für das Unbewußte der beiden, um sicher sein zu können, daß der Partner nicht schon in der nächsten Stunde vor der Türe steht.

»Ach, wenn du doch näher bei mir wohnen würdest! Ich halte es kaum mehr aus! Mir bricht jedesmal das Herz, wenn ich dich zum Flughafen begleite und du mich nach dem wunderschönen Wochenende wieder verläßt!« flüstert sie ihm ins Ohr.

Doch im Hintergrund kichert ihr Unbewußtes und sagt: »Gott sei Dank, daß der Typ wieder wegfliegt. Auf diese Weise haben wir wieder unsere Wohnung für uns allein, brauchen wir uns nicht mehr ständig anzupassen und können aus dem Liebesdelirium wieder erwachen, um ein paar klare Gedanken zu fassen. Denk' daran, deine Steuererklärung ist noch nicht gemacht, und der Wagen muß zum TÜV. Außerdem triffst du dich ja am Mittwoch mit deiner Freundin Ute, um in München-Schwabing tanzen zu gehen, du weißt doch, da ist immer was los! Vielleicht lernst du noch einen besseren Mann kennen als diesen Hamburger da!«

Es bestehen also auch in diesem Fall Ängste und Abwehrhaltungen, die das Unbewußte zu dem Schluß bewegen: »Lieber einen Partner in der Ferne als einen, der gleich um die Ecke wohnt.«

Vor allen Dingen sind es auch hier Abgrenzungsschwäche oder starke Freiheitsbestrebungen, die den Nährboden für diese Bindungsängste abgeben.

Ferner kann die Frustration, die aus dem entfremdeten Arbeitsleben und der Nüchternheit der genormten Welt resultiert, durch die Gefühle der Sehnsucht kompensiert werden. Endlich hat man etwas, wofür es sich zu leben lohnt: die Sehnsucht nach dem Partner in der Ferne. Doch auch die Sehnsucht hat – wie jede Sucht – ihren Preis: enorm gestiegene Telefonrechnungen und eine allgemeine Abwehrschwäche auf der körperlichen Ebene. Abwehrschwäche deshalb, weil der oder die Betreffende sich im Gefühl der Sehnsucht verströmt und dabei die eigenen Grenzen phasenweise auflöst. Diese psychische Grenzenlosigkeit überträgt sich auch auf den Körper, so daß Bakterien und Viren besser eindringen können. Es besteht daher eine höhere Anfälligkeit für Infekte aller Art, besonders aber für Hals- und Rachenerkrankungen.

Wie sähe denn die Situation aus, wenn der Partner, der bisher Hunderte von Kilometern entfernt war, plötzlich mit Sack und Pack vor der Tür stünde und einziehen wollte?

In einem solchen Fall gerät das Unbewußte in Panik, weil die unbewußte Vereinbarung, nämlich sich nicht zu nahe zu kommen und nicht den eigenen Radius zu stören, gebrochen wird. Es wird alles versuchen, um den Störenfried der eigenen Lebensordnung möglichst schnell wieder loszuwerden. Schon bald wird es Krankheiten, Streits oder Liebe auf den ersten Blick mit einem anderen Partner inszenieren, um eine Trennung zu bewirken und so den bisherigen Lebensstil weiterpflegen zu können, ohne Abstriche machen zu müssen.

Ein Zusammenziehen mit dem Partner kann über längere Zeit nur gutgehen, wenn beide während der Zeit ihres Getrenntwohnens entscheidende Entwicklungsschritte absolviert und z. B. Fähigkeiten erlernt haben, die dem Unbewußten die Sicherheit geben, es jetzt mit dem Partner auf einer anderen Basis versuchen zu können.

Komplott:

Partner, der aus einer früheren Beziehung ein Kind hat

Manche Frauen wehren potentielle Partner unbewußt auch dadurch ab, daß sie nach einer Trennung oder Scheidung eine Zweierbeziehung mit ihrem Kind eingehen, bei der das Kind die Funktion eines Ersatzpartners übernimmt.

Die Mutter-Kind-Beziehung wird dadurch überdimensioniert. Energien, die eigentlich dazu bestimmt sind, mit einem erwachsenen Partner ausgetauscht zu werden, regredieren entweder auf eine kindliche Stufe oder überfordern das Kind, berauben es seiner Kindheit, lassen es »altklug« werden.

Haushalt, Wohnung, Lebensstil, Freizeitgestaltung sind ausschließlich auf diese Zweierbeziehung zwischen Mutter und Kind ausgerichtet. Es bleibt kein Raum mehr für einen erwachsenen männlichen Partner. Mutter und Kind bilden unbewußt eine geheime Verschwörung gegenüber jedem »Eindringling«. Manche Männer versuchen dieses Komplott zu unterlaufen oder zu sprengen, andere wiederum passen sich dem Lebensstil und den Gepflogenheiten der beiden an, um auf diese Weise Eingang in die Beziehung zu finden: sie lachen über dieselben Dinge, sie schauen sich denselben Film an, sie gehen mit zum Eisessen, sie tollen stundenlang mit dem Kind auf dem Fußboden umher – ohne jemals von den beiden als gleichberechtigter Partner akzeptiert zu werden. Ihr Ziel, von dieser Frau angenommen zu werden, durch bestimmte Anpassungsmanöver an sie selbst heranzukom-

men, bleibt unerfüllt. Mutter und Kind sind so aufeinander eingespielt, daß Bewerber zwangsläufig Außenstehende bzw. Zuschauer des Programms bleiben müssen, das Mutter und Kind ihnen vorleben.

Die Schwierigkeit bei dieser Konstellation liegt oft darin, daß die Mutter sich zwar bewußt einen Partner wünscht, aber nicht so sehr aus einem eigenen Kuschel-, Kommunikations- oder Triebbedürfnis heraus, sondern nur, um dem Kind ein männliches Wesen als Identifikationsobjekt anzubieten, als bloßen Vaterersatz, oder gar, um in der Aufsicht des Kindes eine Entlastung zu erfahren – und manchmal nur aus einer Träumerei heraus: »Wenn noch ein männlicher Part dazukommt, dann gehen wir drei zusammen durch dick und dünn.«

Ferner besteht meist die irreale Erwartungshaltung, daß der neue Partner zu dem Kind genau so gut passen soll wie zur Mutter. Da das Kind jedoch eine eigenständige Persönlichkeit mit einer ganz spezifischen psychischen Struktur darstellt, ist so etwas eher die Ausnahme als der Regelfall.

Bei all dem wird kaum die Frage aufgeworfen, ob denn der neue Partner an dem praktizierten, eingefahrenen Lebensstil und der total auf das Kind zugeschnittenen Freizeitgestaltung ebensoviel Spaß und Freude hat, ob er nicht dabei mit seinem eigenen Selbst auf der Strecke bleibt und ob es sich hier nicht um eine Zumutung handelt.

Die meisten Männer zahlen für das bißchen Zärtlichkeit und Sexualität, nachdem das Kind endlich ins Bett gebracht wurde und eingeschlafen ist, einen hohen Preis: stundenlange Selbstverleugnung werktags und tagelange an den Wochenenden.

Würde der Mann in solchen Fällen sein Unbewußtes sprechen lassen, würde es ihm zuflüstern: »Erscheine doch grundsätzlich erst, wenn die schöne Zeit beginnt, und laß die beiden untertags ihren eingespielten Lebensstil praktizieren!« Doch würde er so etwas vor der Frau aussprechen, würde sie ihm sofort die Tür weisen. So muß er – will er ihre Liebe nicht verlieren – in den sauren Apfel beißen und tagsüber mit dem erzwungenen Familienleben seinen Frondienst leisten, quasi abdienen, um dann dafür abends die Belohnung zu erhalten.

Doch oft wird selbst das »Betthupferl« am Abend noch auf Sparflamme gehalten, wenn die Mutter des Kindes nicht voll bei der Sache ist, weil sie stets mit einem Ohr in Richtung Kinderzimmer horcht, ob das Kleine nicht inzwischen wach geworden ist. So wird er vielleicht gerade, wenn er sich in der höchsten Ekstase befindet, von einem »Pst! Pst! Hör mal!« der Mutter unterbrochen.

Fazit: Da das Kind die Bedürfnisse der Mutter nach Zärtlichkeit und Kommunikation weitgehend abdeckt, kann sie ihr Leben so einrichten, daß sie keine oder nur noch wenig seelische Schmerzen erleiden muß. Die Gefahr in einer solchen »inzestuösen« Verbindung zwischen Mutter und Kind besteht jedoch darin, daß Schwächen und Defizite sowie neurotische Verhaltensmuster festgeschrieben und auf das Kind übertragen werden. Sie kommen nicht mehr ans Licht bzw. erfahren von außen keinerlei Korrektur mehr, seelisches Wachstum wird abgewehrt. Ganz abgesehen davon, daß Kinder, die als Ersatzpartner ihrer Mütter fungiert haben, später meist mit großen Schwierigkeiten in der Partnerschaft rechnen müssen, da sie aufgrund ihrer früheren Situation überdimensionierte Ansprüche an den jeweiligen Partner stellen, die dieser kaum zu erfüllen vermag.

Was muß nun der Mann lernen, der eine Frau mit Kind(ern) angezogen hat? Worauf will sein Unbewußtes hinaus, wenn es ihm eine solche Partnerkonstellation beschert hat?

Zunächst einmal sollte er sich die Frage stellen, was er, ohne sich überwinden zu müssen, gerne für Mutter und Kind einbringen kann. Natürlich kann er den beiden durch Geschenke Freude bereiten oder mit dem Kind spielen. Aber die Intention des Unbewußten ist, daß er lernt, sich abzugrenzen, daß er lernt, abends und am Wochenende über seine Zeit selbst zu verfügen, daß er einen eigenen Lebensstil ausbildet, der nicht immer nur nach einer Frau ausgerichtet ist.

Das Unbewußte sagt ihm: »Höre auf mit der Selbstverleugnung, höre auf, den ganzen Tag Interesse und Wohlwollen zu heucheln, zahle nicht diesen hohen Preis für das bißchen Liebe und Sex. Mach' dich davon nicht so abhängig!«

Wenn der Betreffende diese Lernaufgabe gelöst hat, wird er entweder eine Frau ohne Anhang anziehen oder eine Frau mit Kind, die auch für ihn und seine Belange Verständnis hat und ihn nicht in die Rolle des seelischen Masochisten drängen will.

Die Mutter muß lernen, Kind und Partner miteinander zu vereinbaren, jedem der beiden einen gebührenden Platz in ihrem Herzen zuzuweisen.

Es geht für sie darum, zu erkennen, daß ein Partner, der gut mit ihrem Wesen harmoniert, nicht automatisch auch zur psychischen Struktur ihres Kindes passen muß.

Es gilt für sie, ihre Erwartungshaltungen zurückzuschrauben und der Realität ins Auge zu schauen: Nur das kann gut sein, was für jeden der Beteiligten gut ist.

Selbstverständlich gelten oben genannte Ausführungen auch für Männer mit Kind(ern).

Überdreht:

Hysteriker als Partner

»Ich bin müde, ich kann nicht mehr, ich bin am Ende meiner Kraft!« Dramatisch demonstriert Tina in Tonfall, Mimik und Gestik ihren Zustand.
Peter zu Tina: »Hab' dich doch nicht so. Du warst doch heute nur zum Shopping in der Stadt und danach im Café. Da kannst du doch nicht so fertig sein!«
Tina, indem sie ihre Hände auf die Hüften stemmt: »Ach, nee! Das kannst du gerade beurteilen, ob ich kaputt bin oder nicht! Ausgerechnet du, wo du doch ein Einfühlungsvermögen wie ein Prärieochse hast!«
Theatralisch wirft sie sich schließlich auf die Couch und beginnt hemmungslos zu schluchzen.

Hysterische Menschen versuchen alles, um Widmung und Anerkennung zu erlangen. Obwohl es häufig mit ihrer Leistung nicht so weit her ist, tun sie so, als seien sie wahnsinnig gestreßt und als sei alles, was sie tun, ungeheuer wichtig.
Hysterische Menschen sind geltungssüchtig. Sie möchten mehr scheinen als sie sind und wollen ohne entsprechenden Einsatz und ohne Anstrengung im Mittelpunkt des Geschehens stehen, und zwar um jeden Preis, und sei es mit Hilfe abnormen Verhaltens. Dabei kommen ihnen ihre lebhafte Phantasie und die ausgeprägte Begabung zu effektvoller Darstellung (Schauspielertalent) zustatten: exaltiertes Auftreten, Renommieren, Kokettieren, demonstratives Leiden und jede andere Möglichkeit, um die Aufmerksamkeit der

Umwelt zu erregen, Bewunderung oder Mitleid auf sich zu ziehen.

»Geltungssucht und Erlebnissucht sind als Kompensationsvorgänge aus einer von diesen Menschen selbst empfundenen Insuffizienz (Unzulänglichkeit) der Persönlichkeit abzuleiten. In ihren Erlebnismöglichkeiten sind sie unzureichend ausgestattet, ohne sich damit abfinden zu können. In Geltungssucht und Erlebnissucht kommt die Tendenz zum Ausdruck, vor der Umwelt und vor allem vor sich selbst ein Wunschbild der eigenen Persönlichkeit aufzubauen, wodurch der Eindruck des Unechten entsteht.« (R. Tölle)

Eine Beziehung mit einem hysterischen Menschen ist deshalb problematisch, weil der Partner fast alles alleine erledigen muß, um für beide den Haushalt und den Alltag zu bewältigen. Fast alle Last und Verantwortung liegt bei ihm. Soll er dann für minimale Leistung auch noch unverhältnismäßig viel Lob zollen, beginnt er an seiner Wahrnehmung zu zweifeln.

Aufgrund dieser Symptomatik ist verständlich, daß Hysteriker die höchste Scheidungsquote aufweisen. Kaum ein Partner kann über Jahre hinweg die dramatischen Inszenierungen, die Diskrepanz zwischen Schein und Wirklichkeit, die mangelnde Investitionsbereitschaft des Hysterischen ertragen.

Es mag anfangs vielleicht ganz amüsant sein, die fast täglichen Theatervorstellungen zu erleben – endlich ist mal was los in der guten Stube – aber auf Dauer bedeutet dies Raubbau für Körper, Seele, Geist und: für den Geldbeutel.

Welche psychische Problematik liegt nun bei demjenigen vor, der eine hysterische Persönlichkeit als Lebens- oder Ehepartner wählt?

Zunächst einmal muß er seelisch masochistisch veranlagt sein, sonst hält er es nicht aus, nur als Zuschauer der Thea-

terinszenierungen seines Partners zu fungieren und selbst als Mensch kaum beachtet zu werden.

Was muß ihm in der Beziehung mit dem Hysteriker klar werden?

Es muß ihm bewußt werden, daß auch er Lebensrechte hat, daß er bisher zu bescheiden war, daß er sich vom Partner nicht bluffen lassen darf, daß bei so manchen tollen Typen nichts oder nur wenig dahintersteckt, daß er ohne weiteres auch mithalten kann, daß er nicht weniger wert ist als der andere, daß er sich mehr materiell und psychisch erarbeitet hat, als er von sich dachte.

Je weniger er sich zurücknimmt bzw. je mehr er sich in jede Beziehungssituation einbringt und sein Licht leuchten läßt, desto weniger Tendenz besteht in seinem Unbewußten, eine hysterische Persönlichkeit anzuziehen.

Wie sieht nun die Lösung für die hysterische Persönlichkeit aus?

Zunächst einmal muß sie Einsicht in ihr Fehlverhalten gewinnen. Leider ist jedoch eine solche Einsicht und Analyse bei diesen Menschen nicht weit verbreitet. Dennoch: Wenn es gelingt, der hysterischen Persönlichkeit die unbewußte Problematik bewußt zu machen und sie dazu zu bewegen, bestimmte Anlagen auszubilden, besteht ein Grund zur Hoffnung.

Häufig – diese Konstellation erweist sich als besonders günstig in bezug auf einen Therapieerfolg – wurde das hysterische Verhalten als Kind einfach vom Vater, von der Mutter oder anderen entscheidenden Bezugspersonen übernommen. Man hat dieses Verhalten also nur erlernt und kann es daher auch wieder verlernen. Wenn der Betreffende merkt, daß man in bestimmten Situationen auch anders als hysterisch reagieren kann und für diese andere Reaktion ein neues Verhaltensmuster einsetzen kann, hat er es geschafft!

Benebelt:

Raucher als Partner

Nikotin ist ein Psychopharmakon. Die psychotropen Wirkungen sind im Vergleich mit anderen Psychopharmaka weniger intensiv, jedoch zweifelsfrei nachzuweisen.
Nikotin hat vielfältige Effekte auf neurovegetative Stoffwechselfunktionen. Die Wirkungen auf die Gehirnfunktionen sind bereits wenige Sekunden nach der Inhalation nachzuweisen.
Es handelt sich sowohl um emotional ausgleichende und beruhigende Effekte als auch um antriebssteigernde und leistungsverbessernde Wirkungen. Häufig wird das Zigarettenrauchen gegen Angst und Spannung eingesetzt.
Zigarettenrauchen ist die heutzutage am weitesten verbreitete Suchtform, die auch international Anlaß zu tiefer Besorgnis gibt. Wissenschaftliche Berichte liegen über den Zusammenhang zwischen Rauchen und einer Reihe ernstzunehmender körperlicher Krankheiten vor, insbesondere Lungenkrebs, Bronchitis, Coronarthrombose sowie Totgeburten bei stark rauchenden Müttern. Sogar Nichtraucher sind betroffen, denn nach dem *Surgeon General's Report* (1972) zeigte sich bei Untersuchungen von mit Tabakrauch gefüllten Räumen, daß der Kohlenmonoxidspiegel das gesetzlich zulässige Maximum der Luftverschmutzung erreichte oder sogar überstieg...

Im Gegensatz zum Trinker bleibt der Raucher innerhalb der Norm, da er in keinen Rauschzustand gerät und keine Anzeichen einer Verhaltensänderung aufweist.

Er kompensiert seine (unbewußte) Unsicherheit, Angst und Schwäche durch Rauchen, das bis vor kurzem mit der Vorstellung von harter Männlichkeit assoziiert wurde, mit dem Bild vom zielstrebigen, den Widrigkeiten des Lebens trotzenden Mann, der lieber kämpft als nachgibt oder eher stirbt als aufgibt.

Im Zuge ihrer Emanzipationsbestrebungen wollten Frauen es offensichtlich den Männern gleichtun und wurden von der Zigarette abhängig, so daß heute fast eine Umkehrung der Situation zu verzeichnen ist: der Prozentsatz der rauchenden Frauen nahm in den letzten Jahren und Jahrzehnten ständig zu, während immer mehr Männer mit dem Rauchen aufhörten.

Unbewußt versuchen Frauen u. a. über die Zigarette das Maskuline zu verinnerlichen. Manche Psychoanalytiker der Freudschen Richtung vertreten sogar die These, die vielen Zigaretten in der Packung einer Raucherin ständen für Phallussymbole und verdrängte Tendenzen zur Polyandrie (Vielmännerei).

Bei Männer hingegen fungieren Zigaretten oft als Ersatz für die Mutterbrust. Ihre Sucht ist also auf unbefriedigte orale Bedürfnisse zurückzuführen.

Für manche Nichtraucher wäre es undenkbar, sich mit einem Raucher zu liieren. Durch die Antihaltung schränken sie aber ihr Partnerangebot entscheidend ein. Vielleicht hat gerade ausgerechnet ein Raucher die Eigenschaften und Fähigkeiten, die zum eigenen Persönlichkeitssystem passen und die das eigene Lebensglück fördern würden?

Außerdem gleicht der Raucher durch seine Sucht nicht nur seine eigene Unsicherheit, Schwäche und Angst aus, sondern aufgrund der Vernetzung der Persönlichkeitsanteile der beiden Partner (das Paar als Ökosystem) auch die des anderen.

Der Raucher stellt also auf einer bestimmten Ebene das Gleichgewicht wieder her, wenn auch auf eine pervertierte

Weise. Insofern kann das Unbewußte des Nichtrauchers völlig anderer Meinung sein als dessen Bewußtes.

Das Unbewußte erklärt: »Wir brauchen dringend einen Raucher als Ausgleich.« Da das Unbewußte den Mechanismus der Partneranziehung bestimmt, kann es sein, daß der Betreffende ständig ausgerechnet solche Menschen anzieht, von denen er glaubt, damit am wenigsten anfangen zu können.

Wenn nun aber über das Bewußtsein Raucher abgelehnt oder nicht als potentielle Partner angenommen werden, verwehrt man sich den eigenen Ausgleich, der vom Unbewußten dringend angestrebt wurde.

Das geht so weit, daß unter Umständen paradoxerweise gerade durch das Eingehen einer Verbindung mit dem Raucher chronische Krankheiten verschwinden können, weil die Kompensationsleistung nicht mehr via Krankheit über den eigenen Körper erfolgt, sondern nun vom Raucher unbewußt erbracht wird.

Um es noch einmal klarzustellen: So wie der Ohnmächtige durch den Machthaber, die Madonna durch die Hure usw. zu einem – wenn auch oft schmerzhaften – Ausgleich kommt, so wird der Nichtraucher durch den Raucher ausgeglichen.

Und noch einen Aspekt gibt es zu bedenken: der Raucher fühlt sich *ungeborgen,* seine wahre seelische Eigenart und Identität liegen für ihn im Nebel. Unbewußt signalisiert er dies nach außen, indem er sich mit Zigarettenrauch einnebelt. Er gibt auf diese symbolische Weise der Umwelt zu verstehen, daß er große Schwierigkeiten hat, seine wahre Natur zu finden und danach zu leben.

Lernaufgabe des Nichtrauchers, der einen Raucher als Partner hat, ist es
a) seine Gesundheit zu schützen, indem er sich gegenüber dem Körperverletzer »Raucher« abgrenzt: Er kann mit dem Raucher vereinbaren, daß jener nur in seinem Zimmer, auf dem Balkon oder auf der Terrasse seiner Sucht nachgeht.

Für den Nichtraucher ist es wichtig, daß er hier nicht permanent in die Erdulderrolle gedrängt wird. Wenn sich der Raucher aufgrund seiner inneren Problematik und aufgrund der Stagnation bei seiner Suche nach der eigenen Identität destruktiv gegenüber seinem Körper verhält, so ist dies seine Angelegenheit. Doch muß der andere, will er sich von ihm nicht schädigen lassen, sein Recht auf körperliche Unversehrtheit zum Ausdruck bringen.

Es geht also nicht darum, in selbstschädigender Weise tolerant gegenüber dem Raucher zu sein, sondern umgekehrt muß der Raucher die Toleranz aufbringen, dem anderen dieses Recht auch zuzugestehen.

b) die Gleichnisse, die der Raucher ihm unbewußt liefert, zu dechiffrieren.

Der Nichtraucher sollte sich also fragen:

Habe ich meine wahre Identität bereits entdeckt oder schlummert da noch einiges in mir?

Habe auch ich, genauso wie der Raucher, Angst, die eigene Identität zu leben?

Wie steht es mit meinen sexuellen Trieben?

Brenne ich vor Leidenschaft?

Bin ich für meinen Partner (noch) Feuer und Flamme?

Und wie verhält es sich mit meinen eigenen polygamen bzw. polyandrischen Bedürfnissen?

Handicap:

Partner mit einem Manko

Wer einen Partner anzieht, der aus der eigenen subjektiven Sicht gesehen irgendein Manko oder einen Makel hat, beherbergt ähnlich wie im Falle der Anziehung eines bereits verheirateten Partners oder eines Partners, der in der Ferne wohnt, große Bindungsängste im Unbewußten.

Vom Bewußtsein aus mag der Betreffende von sich behaupten, voll partner- und beziehungsfähig zu sein, das Unbewußte aber ist anderer Meinung. Es zieht einen Partner an, der zwar über ein paar Anlagen oder Eigenschaften verfügt, die Freude bereiten, der aber letztendlich aufgrund eines Mankos nicht als vollwertiger Partner, mit dem man sich in der Öffentlichkeit zeigen kann und auf den man stolz ist, in Frage kommt. Vielleicht erfüllt er ein Kriterium nicht, das Grundbedingung für eine tiefere Bindung ist, oder er hat eine Eigenschaft, die als unangenehm oder gar als peinlich empfunden wird. Irgend etwas stört so stark am Partner, daß man sich entweder überhaupt nicht zu ihm bekennen will oder zumindest große Mühe hat, mit ihm bei Bekannten, Verwandten, Arbeitskollegen oder Freunden zu erscheinen.

Bei Umfragen wurden häufig folgende Störfaktoren genannt: Körpergeruch, Mundgeruch, feuchte Aussprache, Mundart, Neigung zu trivialem Geschwätz, Herkunft, Zugehörigkeit zu einer unteren Gesellschaftsschicht, Primitivität, mangelnde Attraktivität, mangelnde Sympathie, unvorteilhafte Kleidung, Geschmacklosigkeit und ähnliches.

Oft halten sich bei einer solchen Partnerschaft die Anziehungs- und Abstoßungskräfte die Waage.

Viele Menschen, die einen Partner mit einem Manko oder Tick kennen – und lieben – gelernt haben, richten es so ein, daß sie sich nur in Abgeschiedenheit oder bei Dunkelheit mit ihm treffen, ein paar schöne Stunden erleben und dann wieder das Weite suchen. In die Öffentlichkeit gehen die Betreffenden mit ihrem Partner nur auf Druck, etwa, wenn der Partner sich darüber beschwert, dauernd in der »Versenkung« bleiben zu müssen, oder wenn er gar bereits den Eindruck gewonnen hat, er würde versteckt werden.

In Fällen, in denen das Manko des Partners nicht nur subjektiv, sondern auch von anderen empfunden wird, verfügen die Betreffenden oft über einen mangelnden Eigenwert. Die Tragik liegt nun darin, daß gerade Menschen mit einem schwachen Eigenwert dringend einen Partner bräuchten, der sich voll und ganz zu ihnen bekennt und der sie aufzubauen versteht. Sie legen verständlicherweise besonderen Wert darauf, daß ihr Partner sie überallhin mitnimmt, sie in seine Kreise einführt, sie seinen Bekannten und Verwandten vorstellt. Das Verhalten ihres Partners aber bestätigt und verstärkt ihre Hemmungen und bringt sie in Extremfällen in depressive Gefilde.

Aber auch für den Partner ist eine solche »Öffentlichkeitsarbeit« nicht einfach, da er häufig – ob berechtigt oder nicht ist hier ohne Belang – Schamgefühle entwickelt. Er hat umgekehrt wiederum Ängste, an Status und Prestige zu verlieren, wenn er sich in der Öffentlichkeit mit der betreffenden Person sehen läßt.

Welche Lernprozesse sind in solchen Fällen zu absolvieren?

Das Unbewußte sagt hier: »Wir nehmen einen Partner mit einem Manko. Denn nur einem solchen gegenüber traust du dich, dich so zu geben wie du bist. Nur bei ihm wagst du, deine Hobbies weiter zu pflegen, auch einmal ein Rendezvous abzusagen, wagst du, deinen Ärger auszudrücken, auch einmal egoistisch zu sein. Würde der Partner hingegen zu dir passen und wärest du rundum mit ihm zufrieden, würdest du doch aus Angst vor Liebes- und Partnerverlust zurückstecken und dich unter Umständen sogar selbst verleugnen. Daher lassen wir nur einen Partner zu, bei dem es nicht so weit kommen kann, weil er ja nicht der ideale ist.«

Folgende Fragen sollte sich derjenige stellen, der einen Partner mit einem Manko angezogen hat:

Könnte es nicht sein, daß ich selbst einen Mangel habe, der es anderen schwermacht, sich an mich zu binden?

Könnte es sein, daß das Manko des Partners von anderen gar nicht als solches empfunden wird?

Welche eigenen Defizite im Persönlichkeitssystem lassen den eigenen Perfektionsanspruch entstehen?

Wozu brauche ich *den* tollen, perfekten Partner?

Ist es mir gelungen, all meinen Inhalten Form zu verleihen, so daß diejenigen, die zu meinen Formen passen, sich angezogen fühlen?

Habe ich mein Leben nach meinem eigenen Geschmack eingerichtet? Kann es sein, daß der Partner, der nicht meinem Geschmack entspricht, nur meine eigene innere Problematik nach außen spiegelt?

Könnte es sein, daß ich den Partner mit dem Manko nur deshalb nicht voll akzeptieren kann, weil ich selbst in meinem Eigenwert unsicher bin?

Was kann ich tun, um meinen Eigenwert so zu stärken, daß es mir gleichgültig ist, was die Leute sagen?

Was muß sich der Partner mit dem Manko fragen?
Auch für ihn ist es wichtig, zu analysieren, ob dieser Mangel nur aus der Optik seines Partners existiert oder ob er auch objektiv besteht. Sollte letzteres der Fall sein, kann er sich fragen, auf welche Weise er diesen Mangel abstellen kann. Mund- und Körpergeruch lassen sich, nachdem sie diagnostiziert wurden, beheben. Auch eine Umstellung der Ernährung oder des eigenen Lebensstils (z. B. weniger Streß) können einiges bewirken. Mangelt es an Bildung, kann diese nachgeholt werden.
Wie auch immer die Konstellation lauten mag, man kann jedes Problem strategisch angehen, wenn man nur den Willen dazu aufbringt. Leider brauchen viele Menschen jedoch einen Mangel für ihre Abwehr, um sich nicht an einen Part-

ner fest binden zu müssen. Wer seine unbewußten Motivationen zutage fördert und offen dazu steht, braucht häufig sein Manko nicht mehr.

Pulverfaß:

Choleriker als Partner

Choleriker neigen zu Affektausbrüchen, deren Heftigkeit in keinem sinnvollen Verhältnis zu den meist geringfügigen Anlässen steht. Im Gegensatz zur Affektretention kann hier der Affekt nicht oder nur unzureichend zurückgehalten und verarbeitet werden, er wird kurzfristig in Form einer heftigen Entladung nach außen abgeführt.

Es besteht gleichsam ein Kurzschluß zwischen Empfinden und Handeln. Daher spricht man auch von explosiven oder aggressiven Persönlichkeiten.

Auch hier sind es meist die Unsicheren, Schwachen und Gutmütigen, die in die Beziehungsfalle des Cholerikers geraten. In Unkenntnis der psychischen Erkrankung des Partners glauben die Betroffenen anfangs naiverweise, sie hätten tatsächlich ein Fehlverhalten, wären tolpatschig, würden unbedachte Worte wählen oder wären wirklich charakterlich nicht ganz einwandfrei, so daß sie dem Partner immer wieder Anlaß zu cholerischen Entgleisungen geben würden. Sie versuchen alles, sich zu bessern, zukünftig keine Fehler mehr zu machen, noch mehr Wohlverhalten an den Tag zu legen! – Doch aussichtslos! – Was auch immer sie sagen werden – und ist es noch so gut gemeint –, wie auch immer sie sich verhalten werden, der Choleriker findet einen Anlaß, um losbrüllen zu können.

Andere wiederum hoffen, daß sie durch viel Liebe und Aufmerksamkeit, die in Intervallen auftretenden Zornesausbrüche des Partners reduzieren können.

Da die erregbare Persönlichkeit – so lautet die offizielle Bezeichnung für die oben beschriebene Symptomatik in der Psychiatrie – meist über nur wenig Krankheitseinsicht verfügt und daher keinerlei Therapiebereitschaft besteht, bleibt das pathologische Geschehen oft ein Leben lang bestehen.

Auf diesem Lebensweg hinterläßt der Choleriker meist viele Opfer: er treibt andere – insbesondere diejenigen, die mit ihm zusammenleben müssen – dazu, physisch und psychisch zu erkranken und besucht letztere schließlich mit Blumen und Konfekt im Krankenhaus oder in der psychiatrischen Klinik.

Was muß man lernen, wenn man einen Choleriker als Partner angezogen hat? Zu was fordert das Unbewußte in einem solchen Fall auf?

Da meist der Partner der erregbaren Persönlichkeit zur Affektunterdrückung neigt, muß er lernen, auf reale Weise seine Gefühle zum Ausdruck zu bringen.

Ferner ist es wichtig für ihn, sich vom Choleriker abgrenzen zu lernen, Distanz zu üben, aber auch mehr Beziehungen zu anderen Menschen aufzubauen, um emotional unabhängiger zu werden. Und er muß die Hoffnung aufgeben, eine Besserung bei der erregbaren Persönlichkeit bewirken zu können.

Helfen kann in einem solchen Fall meist nur ein Therapeut, der mit diesem Personenkreis bereits einschlägige Erfahrungen hat.

Diese Tatsache macht vielen Menschen, die mit einem Partner, der zu Affektausbrüchen bzw. (wie im Kapitel vorher) zu Hysterieanfällen neigt, Schwierigkeiten, weil sie nicht glauben können oder wollen, daß ihr Partner sich mit großer Wahrscheinlichkeit nicht verändern wird. Sie sind der Ansicht, es müsse doch aufgrund von Erfahrungen, aufgrund von Einsicht oder aufgrund von Lernprozessen die Möglichkeit bestehen, ein hysterisches oder cholerisches Verhalten abzulegen.

Doch wenn man bedenkt, daß, ungeachtet der Bemühungen der Person, mit der der Kranke zusammenlebt, ein solches Verhalten immer wieder praktiziert wird, wird klar, daß selbst gravierende Veränderungen im eigenen Fühlen, Denken und Handeln ohne Resonanz bleiben.

Denn das ist das Entscheidende! Während ein psychisch gesünderer Partner oft auf eine neue Verhaltensweise neu und anders reagiert, nimmt der Kranke die Veränderung seines Partners gar nicht wahr und bleibt gefangen in seinem alten Verhaltensmuster, wie die Nadel auf einer Schallplatte mit Sprung. Da eine Partnerschaft aber vorwiegend aus actio und reactio besteht, kann hier von keiner Beziehung im wirklichen Sinne gesprochen werden.

Derjenige, der einen Hysteriker oder Choleriker angezogen hat, kann also zur Verbesserung seiner Beziehung nur wenig beitragen. Er kann nur zusehen, daß er sich möglichst schnell weiterentwickelt, damit er einen neuen Mann oder eine neue Frau anzieht, mit dem bzw. mit der mehr partnerschaftliches Glück möglich ist.

Der Hysteriker oder Choleriker hingegen wird sicher bald ein neues Opfer finden, denn unsichere, gehemmte und ängstliche Persönlichkeiten gibt es in dieser Gesellschaft genug.

Niete:

Versager als Partner

Im Gegensatz zur Leistungsscheu des Hysterikers arbeitet ein Mensch mit einem Mißerfolgsskript fleißig und unermüdlich. Daß dennoch nur wenig dabei herauskommt, liegt an gelegentlichen folgenschweren Blackouts oder an katastrophalen kleinen Fehlern mit Folgen, die oft kaum mehr wiedergutzumachen sind.

Da ist der Autoverkäufer, der zunächst das Verkaufsgespräch mit dem Kunden hervorragend beginnt, aber dann im entscheidenden Moment einen Tick zuviel redet, oder der Versicherungsvertreter, der fachlich hochqualifiziert ist, sich aber gefühlsmäßig auf den Klienten nicht einstellen kann, oder der Polizeibeamte, der zu starr an den Vorschriften hängt und aufgrund seiner mangelnden Flexibilität ungünstige Wirkungen erzielt.

Es sind immer wieder dieselben Mängel und Fehler, die zum Mißerfolg disponieren:

- mangelnde Fähigkeit, das Wichtige vom Unwichtigen zu unterscheiden
- mangelnde Flexibilität und Variabilität
- mangelndes Einfühlungsvermögen in den Kunden, Partner, Patienten, Geschäftspartner ...
- unpassende Wortwahl
- Aufdringlichkeit
- mangelnder Humor
- Selbstüberschätzung
- falsche Prioritätensetzung
- mangelnde Koordinationsfähigkeit
- mangelnde Zeiteinteilung
- mangelndes Konzept
- mangelnde Fähigkeit zur Vorausschau
- mangelnde Selbstkritik
- mangelnde Konzentrationsfähigkeit
- mangelnde Bereitschaft, nachzudenken

In einer Firma müssen diejenigen, die erfolgreich arbeiten und dort Aktivposten darstellen, die anderen, die sogenannten »Pflaumen«, ausgleichen. Sie müssen all das, was jene »versiebt« haben, wiedergutmachen, müssen die von den Nieten verursachten Millionenverluste wieder erwirtschaften, müssen das Unternehmen wieder in die schwarzen Zahlen bringen.

Ebenso ergeht es demjenigen, der sich mit einem »Versager« liiert.

Der Versager ist auch eine Belastung im häuslichen Bereich, denn man ist ständig beschäftigt, die Fehler, die er durch falsches Taktieren oder Handeln verursacht, wieder zu kompensieren – ganz abgesehen davon, daß die Niete fast immer pleite ist und so permanent bezuschußt werden muß.

Eine besondere Variante der Nieten ist der Leichtsinnsdelinquent.

Man überlegt sich zum Beispiel, ob der Versager nicht doch irgendwie einen konstruktiven Beitrag zur Haushaltsführung leisten könnte. Also bittet man ihn, doch Sahnetorte für den Nachmittagskaffee beim Konditor zu holen. Bereitwillig und voller Optimismus, den Auftrag zur vollen Zufriedenheit ausführen zu können, fährt der Leichtsinnsdelinquent los, kauft ohne besonderen Zwischenfall den Kuchen und begibt sich wieder zu seinem Wagen.

Um das Auto aufschließen zu können, legt er die Sahnetorte auf das Dach des Wagens und fährt dann voller Freude über die gelungene Aktion los. Die Sahnetorte rutscht vom Dach und dem dahinter fahrenden Verkehrsteilnehmer auf die Windschutzscheibe. Die Folge: aufgrund der versperrten Sicht fährt der Lenker des nachfolgenden Wagens in den Straßengraben. Fluchend kriecht er aus den rauchenden Trümmern seines Autos. Er muß Totalschaden anmelden.

Der Leichtsinnsdelinquent hat all dies nicht wahrgenommen. Da er vielleicht Anhänger der Ideologie des positiven Denkens ist und diese Lehre noch dazu falsch interpretiert, braucht er sich im Rückspiegel kaum zu vergewissern, ob hinter ihm alles in Ordnung ist; den dumpfen Knall, den er hört, führt er auf Arbeiten mit dem Preßlufthammer im Straßenbau zurück. Eine Stunde später läutet es an der Tür. Die Polizei verhaftet den Leichtsinnsdelinquenten wegen Fahrerflucht.

So wird der Partner der »Pflaume« immer wieder mit Überraschungen konfrontiert, so daß ihm nie langweilig wird. Der Versager hat die vornehme Aufgabe, seinem Partner dessen Anlagen und Fähigkeiten bewußtzumachen. Nie hätte der Partner – bevor die Niete auftauchte – gedacht, daß man so viel im Leben falsch machen könnte. Er betrachtete seine Anlagen und Fähigkeiten bisher als Selbstverständlichkeit. Nun aber, durch die Beziehung mit einer Niete, ist er stolz darauf. Insofern ist die Zeit, die man mit dem Versager verbringt, vor allen Dingen dazu angetan, den eigenen Selbstwert zu stabilisieren.

Sofern jedoch ein Helfersyndrom vorliegt, muß der Partner der Niete einsehen, daß jede Hilfe die Problematik des anderen nur verstärkt.

Was muß die »Niete« lernen?

Hier gilt es zunächst einmal einzusehen, daß man im Status quo einige Fähigkeiten nicht genügend zur Verfügung hat und noch nachreifen lassen muß. Manchmal kann es aber auch sein, daß der Betreffende seine Stärken oder sein Lebensfeld, auf dem er Großes vollbringen kann, noch nicht gefunden hat. Wenn er dies jedoch geschafft hat, kann er es sich auch erlauben, in anderen Bereichen nur mangelhafte oder ungenügende Leistungen zu erzielen.

Flasche:

Trinker als Partner

Über die komplementäre psychische Verflochtenheit zwischen dem Alkoholiker und seinem Partner, dem sogenannten Co-Alkoholiker, sind schon viele Werke geschrieben worden. Deshalb sei hier ein besonderer Aspekt herausgegriffen, der bisher weniger zur Sprache kam.

Der Trinker ahnt, daß in unserer Gesellschaft irgend etwas nicht stimmt. Er kann es nur nicht definieren, was es ist, kann es nicht verbal zum Ausdruck bringen. Im Grunde genommen hat er die Gebote und Verbote, Normen und Ideale der Kultur satt, möchte sich aus dem grauen Alltag herauslösen, möchte der Moral und der Konvention entfliehen. Der Trunksüchtige sucht nach Erlösung, will anders leben, findet aber zunächst keine andere Alternative als den Alkohol.

Sucht bedeutet, steckengeblieben zu sein auf der Suche nach dem wahren Selbst. Der Süchtige sucht nicht mehr nach seiner Identität, sondern nur noch nach dem Suchtmittel. Er hat sein Ziel völlig aus den Augen verloren. Er versucht, mittels Alkohol immer wieder Moral und Konvention bzw. sein strenges Über-Ich aufzulösen. Kurzzeitig gelingt ihm dies im Rauschzustand, in dem die Hemmungen und Blockaden fallen und es ihm möglich ist, seine aufgestaute Aggression gegenüber Chef, Kollegen oder Ehepartner auszuagieren. Im Zustand der Trunkenheit wagt er seine Gefühle zu zeigen, den Chef als dummes Schwein zu bezeichnen oder der Ehefrau auf ordinäre Weise seine sexuellen Wünsche zu unterbreiten. »In vino veritas« (Im Wein die Wahrheit), sagt ein lateinisches Sprichwort. Wieder nüchtern geworden, schämt er sich dann für sein Verhalten, das er im Zustand der Trunkenheit an den Tag gelegt hat. Und die Umwelt verzeiht ihm, denn er war ja »nicht zurechnungsfähig«, als er dieses oder jenes sagte.

Kaum ein Co-Alkoholiker versteht den wirklichen Hilfeschrei des Süchtigen. Kaum jemand denkt sich beim Trinker: Toll, wie der einfach nicht aufgibt und es immer wieder versucht, die trockenen Normen, Gebote und Verbote hinunterzuspülen, Moral und Konvention aufzulösen.

Der Trinker hat also so gesehen u. a. die Aufgabe, seiner Umwelt und insbesondere seinem Partner ständig zu signalisieren, daß sie Moral und Konvention auflösen sollten. Doch leider wollen die Co-Alkoholiker ihn umgekehrt wieder zur Moral zurückführen, d. h. zurück in den Zustand der Trockenheit, sprich der Langeweile, der Routine, der nüchternen Normalität.

Vom Gesichtspunkt des Lebens aus gesehen sollten sich sowohl Alkoholiker als auch Co-Alkoholiker folgende Fragen stellen:

1. Welche Möglichkeiten bestehen, mehr Zufriedenheit und Glück im Arbeitsprozeß zu erleben?

2. Ist es möglich, Moral und Konvention anstatt symbolisch und ersatzweise über den Alkohol, vielmehr real und aktiv über Bewußtwerdungs- und Entwicklungsprozesse aufzulösen?

3. Kann es vielleicht sein, daß nicht das, was manchmal im Zustand der Trunkenheit gesagt wird, irreal ist, sondern das, was man so selbstgefällig im Wahnsinn der Normalität zum Ausdruck bringt?

4. Gibt es eine andere Alternative zu Moral, Konvention und Prüderie als die, sich über den Alkohol kurzfristig Erleichterung zu verschaffen?

Wie könnte man »feucht und fröhlich« leben, ohne der Sucht anheimzufallen, aber auch ohne die ewige Plackerei in der Tretmühle der Arbeit und ohne die Alltagsroutine des Ehelebens?

Gibt es einen dritten Weg?

Zurückgeblieben:

Partner, der sich auf einer anderen Bewußtseinsebene befindet

Die Schere geht inzwischen immer weiter auseinander: während der eine Teil (der größere Teil) der Bevölkerung Entwicklung und Reifung durch Anpassungsmechanismen verhindert, bildet sich der andere Teil weiter und weiter fort.

Insofern kommt es immer häufiger vor, daß sich zwei Menschen liieren, die sich auf völlig verschiedenen Bewußtseinsstufen befinden.

Bei einer solchen Verbindung jedoch sind eine Fülle von Schwierigkeiten und Konflikten vorprogrammiert.

Dies ist nicht verwunderlich, bedenkt man, wieviel Sprengstoff allein darin liegt, wenn z. B. der eine Partner ständig alles Lebendige in sich abblockt und bekämpft, während der andere dagegen alles Leben unterstützen und fördern will.

Darüber hinaus wird das, was sich bei demjenigen, der Leben abwehrt, innerpsychisch abspielt, auf die Partnerschaft verlagert. Da der in der Kollektivneurose gefangene Mensch glaubt, seine wahren Triebe, Gefühle, Motivationen, Impulse, Gedanken, Ideen und Intuitionen unterdrücken zu müssen, um als normaler und angepaßter Mensch erscheinen zu können, darf er all dies auch beim Partner nicht aufkeimen lassen. Er wird beim anderen jeden Zweifel am System von Moral und Konvention, jedes Gefühl, das nicht den herkömmlichen Maßstäben entspricht, jeden Gedanken, der zu mehr Freiheit und Glück führt, erbittert bekämpfen. Damit hat er seinen eigenen inneren Konflikt zwischen erster und zweiter Natur nach außen projiziert und wird zum Wachhund und Richter des anderen.

Ein solches Vorgehen ist jedoch nur dann für ihn von Erfolg gekrönt, wenn sich sein Partner noch zuwenig sicher auf dem Boden der ersten Natur bewegt. Ist sein Partner auf dem neuen Entwicklungsweg schon etwas gefestigt, wird dieser ebenfalls versuchen, ihn von seiner Welt zu überzeugen.

Gewöhnlich ist dies jedoch ein aussichtsloses Unterfangen. Alle Sachbücher, die der geistig Entwickelte seinem Partner schenkt, bleiben ungelesen, alle Kurse und Seminare, die er ihm zu besuchen empfiehlt, werden ignoriert, alle Versuche, mit ihm die Wechselwirkungen in der gemeinsamen Beziehung zu analysieren, schlagen fehl.

Aufgrund dessen glauben dann viele Menschen, die sich dem Leben geöffnet haben, sie müßten anders vorgehen: sie lassen zum Beispiel besonders interessante Bücher auf dem Tisch liegen, hoffend, daß ihr Partner vielleicht in unbeobachteten Momenten darin zu blättern beginnt, oder sie laden gleichgesinnte Freunde ein, mit der Absicht, daß dadurch der Partner überzeugt werden könnte; denn sie fragen sich: »Vielleicht will er nur von mir nichts annehmen? Vielleicht schenkt er anderen mehr Gehör?«

Doch der Partner wird in solchen Fällen entweder die Diskussionsrunde verlassen oder er versucht das Gespräch in seine Richtung zu drängen, was meist gleichbedeutend damit ist, daß es trivialisiert wird.

Geht der geistig Erwachte jedoch in seiner Entwicklung noch einen Schritt weiter, dann beendet er seine Versuche, seinen Partner aufzuklären, zu belehren oder zu missionieren; denn er hat erkannt, daß er dadurch die Abwehrhaltungen des anderen nur verstärkt. Und es wird ihm bewußt: das einzige, worauf er in seiner Beziehung hundertprozentig vertrauen kann, ist die Stabilität des Abwehrsystems seines Partners.

Kurzum, der Partner wird mit an Sicherheit grenzender Wahrscheinlichkeit auch weiterhin seine wahren Gefühle und Gedanken nicht zulassen, es sei denn ein schwerer Schicksalsschlag, wie etwa ein Unfall, ein ärztlicher Kunstfehler, eine Krebserkrankung oder ein Herzinfarkt, zwingen ihn zum Umdenken.

Aus diesem Grunde ist es für den geistig Erwachten besser, er nimmt seinen Partner auf dessen Bewußtseinsstufe an und zeigt Verständnis für ihn, zumal er sich ja bis vor einiger Zeit selbst in dem alten Bewußtsein aufhielt.

Er sollte sich zurücknehmen und seinen Anspruch aufgeben, dem anderen helfen oder den Partner retten zu wollen.

Das ist die schwerste Hürde, die es zu nehmen gilt: es heißt zu lernen, daß man – obwohl man umfassender informiert ist, obwohl man mehr und differenzierter nachgedacht hat, obwohl man es offensichtlich besser weiß – den anderen in seiner Abwehr beläßt; ja mehr noch, daß man auch Verständnis dafür aufbringt, daß auch umgekehrt der Partner einen retten will und versucht, aus einem wieder einen »normalen«, sich selbst verleugnenden Menschen zu machen.

Eine weitere Schwierigkeit liegt auch darin, daß sich zwar einerseits derjenige, der sich weiterentwickelt hat, in eine frühere, von ihm bereits absolvierte Bewußtseinsstufe einfühlen kann, andererseits der Partner sich nicht in eine Bewußtseinsstufe begeben kann, die für ihn noch in der Zukunft liegt.

Deshalb kommt es zwischen den beiden auch ständig zu Mißverständnissen, denn der Partner mit dem alten Bewußtsein interpretiert so manches Verhalten und so manche Worte als böse, egoistisch, herzlos, verschroben, krank, neurotisch, ängstlich, uninteressant, ungebildet oder manchmal sogar als dumm. Von seinem Blickwinkel, von seiner Bewußtseinsstufe aus gesehen scheint es tatsächlich so zu sein, aber von einer anderen geistigen Ebene aus betrachtet sieht alles ganz anders aus.

Hinzu kommt, daß derjenige, der im alten Bewußtsein verharrt, aufgrund seiner neurotischen Verstrickung meist eine Entwicklung und Reifung seines Partners entweder gar nicht wahrnimmt oder auch in diesem Falle »falsch« interpretiert.

Bildet der Partner seine Durchsetzungsfähigkeit aus, ruft er: »Du wirst von Tag zu Tag frecher!«

Entwickelt der Partner seine Kommunikationsfähigkeit, sagt er: »Mit dir wird man einfach nicht mehr fertig! Immer ziehst du dir wieder neue Argumente aus der Nase! Laß' mich doch endlich mit deinem blöden Gequatsche in Ruhe!«

Es verhält sich also nicht so, wie manche Esoteriker und Positivdenker glauben, daß, wenn man sich selbst weiterentwickelt, sich der Partner zwangsläufig mitentwickeln bzw. sich verändern muß.

Die einzige Entwicklung, die der Partner hinnehmen würde, wäre die Entwicklung zu dessen Komplementärbild hin, also wenn man mehr zu der Person werden würde, die er zur Stabilisierung seines Persönlichkeitssystems braucht. Erst dann hätte er das Gefühl, daß eine Entwicklung stattfindet. Jede andere Art von Entwicklung ist für ihn nicht existent oder ohne Wert.

Aus all diesen Gründen ist es für den geistig Erwachten problematisch, mit einem angepaßten und Leben abwehrenden Partner in einer Wohnung zusammenzuleben. Tut er dies, muß er dem anderen sein Recht auf seine »Unentwickeltheit«, auf seine Bewußtseinsstufe sowie sein Recht auf Mitbestimmung und Gleichberechtigung zugestehen.

Es geht ihm damit ähnlich wie den Ökologen auf der kollektiven Ebene, die den Wahnsinn der systematischen Vernichtung des Erdballs erkennen und dennoch mittragen müssen, nur weil die Mehrzahl der Mitmenschen noch nicht ökologisch erwacht ist.

Warum zieht der sich selbstverwirklichende Mensch überhaupt einen Partner mit dem alten Bewußtsein an?

Ganz einfach: Damit er sich nicht zu sehr von der Erdenschwere abhebt und in transzendente Gefilde entschwebt. Damit er nicht vergißt, auf welchem Planeten er sich befindet, damit er lernt, mit der Neurose, mit dem Wahnsinn der derzeitigen »Realität« umzugehen.

Erst wenn es ihm gelingt, in den zwei Welten – in der Kollektivneurose einerseits und in der ersten, wahren Natur andererseits – gut zu leben, hat er den Käfig des Leides verlassen und ist dem Paradies auf dieser Erde nahe.

Und wie steht es mit demjenigen, der die herrschende Bewußtseinshaltung vertritt? Was muß er lernen?

Er müßte begreifen, daß es außer der Welt der patriarchalen Normen und Ideale noch andere Arten des Fühlens, Denkens und Lebens gibt!

Rücksichtslos:

Partner als Zeiträuber

*Man kann dem Leben
nicht mehr Tage geben,
aber dem Tag mehr Leben.*

Renate wohnt zusammen mit ihrem Mann in einer kleinen Gemeinde 20 km von einer Großstadt entfernt. Eines Tages riß Renate (28) beim Schnüren das Schuhband. Daraufhin mußte ihr Ehemann Rolf (36) mit ihr in die Stadt fahren, um Schnürsenkel zu besorgen.

Eineinhalb Stunden Lebenszeit sind dadurch sowohl für Renate als auch für Rolf verlorengegangen.

Für Renate, deren Leitmaxime es ist, alles in der Partnerschaft gemeinsam zu machen, war die Fahrt in die Stadt die selbstverständlichste Sache der Welt. Nicht aber für Rolf, der seit einiger Zeit immer mehr unter Renates Leitbild, das von der herrschenden Meinung bestätigt wurde, zu leiden begann. Seit er sich beruflich weiterbilden mußte, konnte er nicht mehr so sorglos mit seiner Zeit umgehen wie früher. Außerdem keimten in ihm auch immer mehr eigene Interessen auf, so daß es für ihn wichtig war, auch Zeit für sich selbst zu haben.

Hier gilt der Grundsatz, daß in einer Zweierbeziehung immer derjenige seine Zeit opfern muß, der einen eigenen Lebensweg und eigene Ziele abgesteckt hat.

Der unmündige, unselbständige Partner sehnt sich dauernd nach Zuwendung, nimmt den Partner in Beschlag, will über seine Lebenszeit verfügen – Zeit, die dem Partner fehlt für den konstruktiven Aufbau seiner Persönlichkeit, für seine Erholung, für die Verwirklichung seiner Projekte. Es fehlt ihm das Verständnis dafür, daß der Partner seine Zeit für etwas anderes brauchen könnte.

Der unmündige, geistig noch nicht erwachte Mensch hat nie das Gefühl, Zeit zu vergeuden, während der selbständige, geistig interessierte Mensch Triviales und Alltagsangelegenheiten so weit wie möglich zu reduzieren versucht, um Zeit für etwas Wesentliches zu haben.

Wer seine Zeit für Nichtigkeiten verschwendet, wird zu einem *Mini-Selbstmörder*, wer die wertvolle Lebenszeit eines anderen raubt, wird zu einem *Mini-Mörder* am anderen, denn Zeit ist nicht nur Geld, sondern Zeit ist vor allen Dingen *Leben;* denn jeder Mensch auf dieser Welt hat nur eine begrenzte Zeit zum Leben.

Zeit ist daher das höchste Gut auf dieser Welt. Von diesem Gesichtspunkt aus gesehen ist es auch sehr viel besser, Zeitmillionär zu sein als Millionär in bezug auf Finanzen.

Ein chinesisches Sprichwort sagt: »Nur der ist reich, der Zeit hat.«

Was nützen einem Millionen, wenn zum Leben keine Zeit bleibt? Doch gerade mit dem höchsten Gut auf dieser Welt wird völlig sorglos umgegangen!

Die Lebenszeit des Durchschnittsneurotikers scheint nicht kostbar zu sein, sonst würde er nicht seine Zeit mit Fernsehen, Autofahren, Kinogehen, der Lektüre von Krimis, Western- und Liebesromanen oder mit langweiligem Alltagskram vergeuden. Anstatt eine Lebensgier im Sinne einer Zeitgier zu entwickeln, besteht soweit das Auge reicht nur eine Gier nach Suchtmitteln, nach Süßigkeiten, Koffein, Teein, Nikotin und Drogen.

Wichtig wäre doch, sein *eigenes* Leben zu führen, statt in der Scheinwelt der Filme und Romane, durch die Stars der Fernseh-, Film- und Sportwelt zu »leben«.

Für das Fernsehen und für die Welt der Romane ist es egal,

wie alt der einzelne ist. Er kann dabei nicht die spezifischen Freuden im Alter von 20, 30, 40, 50, 60, 70 oder 80 Jahren genießen. Vielleicht kann er die Filme oder Fußballspiele benennen, die er vor 20 oder 30 Jahren gesehen hat, erlebt hat er selbst aber nur wenig.

Selbst bei Treffen mit Freunden oder Nachbarn geht es vorwiegend um solche Themen.

So erzählt Renate dann im obigen Fall womöglich noch abends vor Freunden im Wohnzimmer, wie ihr heute der Schnürsenkel riß, wie sie dann in die Stadt fuhren, wie schwierig es war, dort einen Parkplatz zu finden, und als sie dann schließlich einen fanden, welches Auto vor ihnen war und welches hinter ihnen parkte.

»Es war ein Volvo«, wirft Rolf, der sich anstandshalber trotz seines Grolles anpaßte, ein, »oder nein, ein großer Mazda. Ja genau, ein Japaner war's.«

Zeit, Zeit, Zeit, könnte man da überall rufen! Stehlt doch nicht jetzt auch noch euren Freunden die Lebenszeit mit der Geschichte von Renates Malheur mit dem gerissenen Schnürsenkel. Aber das Dumme ist, sie haben nichts anderes erlebt. Es war das prägnanteste Ereignis des vergangenen Tages.

Man kann aber auch noch einer anderen Art von Zeiträubern begegnen.

Es gibt Menschen, die zwar alles wollen, aber gar nicht über die Kraft und die Zeit dafür verfügen, alles zu bewerkstelligen. Sie schaffen sich ein Auto an, halten zwei Hunde und zwei Katzen, bewohnen ein großes Haus mit Garten und kaufen sich ein Ferienhäuschen auf dem Lande, müssen neben dem eigenen Haushalt auch noch zusätzlich den der kranken Mutter im anderen Stadtteil führen, übernehmen den Vorstandsposten einer Tierschutzorganisation, sind noch im Elternbeirat der Schule ihrer jüngsten Tochter engagiert und zudem noch ganztags berufstätig.

Hier gilt, wer ohnehin schon viel um die Ohren hat, wer ohnehin viele innerseelische Spannungen aufweist, hat sehr häufig die Tendenz, sich noch mehr aufzubürden.

Um aus diesem Dilemma auszubrechen, wird dann meist an den Partner die Erwartung herangetragen, er solle im Haushalt helfen, Unkraut jäten, die Blumen gießen, auf die Hunde aufpassen, für den Abend, an dem man Freunde eingeladen hat, einkaufen gehen und bei dieser Gelegenheit das Geburtstagsgeschenk für die Mutter mitbringen oder nur mal schnell das Auto zur Inspektion bringen. Zur Bewältigung aller Aufgaben aber wären oft drei bis vier Personen nötig.

Wer sich hier als »Angestellter« eines anderen mißbrauchen läßt und nur mithilft, die psychische Struktur des ande-

ren zu verwirklichen, bleibt mit seinem eigenen Leben auf der Strecke.

Hier heißt das oberste Gebot: sich abgrenzen, auch auf die Gefahr hin, als Egoist zu gelten, und sich das Recht nehmen, Zeit für sich selbst zu beanspruchen.

Außerdem: Nur wenn man den anderen in seinem Schlamassel allein läßt, entsteht in ihm die Bereitschaft, das aufgeblähte, überdimensionierte Lebenskonzept gesundschrumpfen zu lassen.

Nachfolgend eine Reihe von Möglickeiten, sein Leben freudiger, freier und unangepaßter zu gestalten und seine Zeit besser zu nutzen:
- Viele Möglichkeiten für Ausbildung und Weiterbildung wahrnehmen.
- Lesen von Büchern und Schriften über Psychologie, Psychotherapie, Soziologie, Ernährung, Bauen und Wohnen, Feng Shui, Partner- und Beziehungsfähigkeit, Management, Erfolgskybernetik, Pädagogik, Schicksalskunde, Ökologie, Medizin, Botanik, Biologie, Esoterik, Wirtschaft und Finanzen, Kommunikationswissenschaften ...
- Eines der unzähligen Projekte, die als Beitrag für eine humanere Welt initiiert werden müßten, realisieren.
- Länder und Städte bereisen, die man sehen möchte und in denen man zeitweise einmal leben möchte.
- Freizeitchancen nutzen, angefangen von den verschiedenen Sportmöglichkeiten, über Baden und Entspannen, bis zum Spazierengehen oder Wandern.
- Neue berufliche Möglichkeiten verwirklichen. Man möchte vielleicht 10 Jahre als Landarzt, 10 Jahre als Staranwalt, 10 Jahre als Psychotherapeut und 5 Jahre als Projektleiter arbeiten. Oder mal schauen, ob man nicht in der Krebsforschung etwas zuwegebringt und dort neue Impulse einbringen kann ...

Kurzum – man könnte den Tag auf hunderte mögliche Weisen gestalten und muß sich doch auf eine Version beschränken.

Der geistig erwachte Mensch hat die Qual der Wahl, während dem anderen vor Langeweile die Decke auf den Kopf fällt.

Fazit: Je unverwirklichter jemand ist, desto mehr Zeit hat er für gemeinsame Rollenrituale, für gemeinsame Unternehmungen, für die konventionelle Form der Partnerschaft.
Je mehr Anlagen und Fähigkeiten jemand ausgebildet hat, je mehr sich jemand selbst verwirklicht, desto mehr Zeit braucht er für sich selbst.

Checkliste für den Zeitschutz

Im Hinblick darauf, daß man für seine Gefühle, für seine Stimmung, für seine Gedanken und Taten selbst verantwortlich ist, und in Anbetracht der Tatsache, daß ein Leben mit dem Partner und Mitmenschen auch Zeitschutz erfordert, ist es wichtig, sich u. a. folgende Fragen zu stellen:

1. Darf ich meinen Partner in meine Depression, miese Stimmung oder in meinen Migräneanfall hineinziehen? Habe ich bzw. mein Partner dadurch eine Verbesserung der Lebensqualität zu verzeichnen oder komme ich bzw. mein Partner dadurch, daß ich ihn involviere, in der persönlichen Entwicklung weiter? Welche Reaktionen wird mein Partner auf meine Einwirkung hin entwickeln?

2. Erfahre ich oder mein Partner durch das Erzählen der ewig gleichen Geschichten aus der Vergangenheit eine Bereicherung? Sind diese Geschichten wenigstens lustig?

3. Darf ich meinen Partner mit banalen Alltagsproblemen belasten?

4. Darf ich meinen Partner mit meinen Vorstellungen (z. B. über Tagesablauf, Urlaubsort etc.) fremdbestimmen? Oder ist es nicht so, daß ich meine Vorstellungen selbst realisieren muß?
Mißbrauche ich meinen Partner als Handlanger, der mir bei der Realisation meiner Vorstellungen behilflich sein soll?

5. Darf ich meinen Partner mit meinen Problemen belasten? Erkenne ich, daß er selbst mit seinen Problemen schon alle Hände voll zu tun hat?
Wenn ich meine Probleme schildere, kann mein Partner mir dabei helfen oder zu einer Lösung beitragen?

6. Was kann ich selbst dafür tun, daß es mir wieder besser geht, damit ich meinen Partner nicht mehr mit meiner Jammerei belaste?

7. Ist es mir möglich, mich gegenüber dem Partner und Mitmenschen abzugrenzen, um meine Lebenszeit zu schützen?
Glaube ich, dem anderen, der seine mangelnde Handlungsbereitschaft mit Reden kompensiert, anstandshalber stundenlang zuhören zu müssen?

8. Kann ich es durchsetzen, daß ich wenigstens vier Stunden täglich für mich selbst beanspruchen kann? Wieviel Lebenszeit in Prozenten verwende ich für mein:

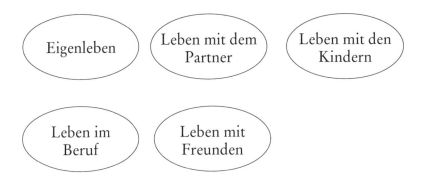

Kann ich zwischen Eigenleben, Berufsleben, Leben mit dem Partner, Leben mit den Kindern und Leben mit Freunden die für mich richtige Balance finden?
Für welches Lebensgebiet muß ich den Zeitaufwand reduzieren? Für welches sollte ich mehr Zeit investieren, um mich wohler zu fühlen?

Wir sind nicht nur verantwortlich für das, was wir tun, sondern auch für das, was wir nicht tun.

Ins Schicksal des anderen hineingezogen werden

Es gibt Partner, deren Welten so verschieden sind wie das Lebensprogramm einer Giraffe und das einer Hausstaubmilbe. Und dennoch streben solch ungleiche Paare danach, zusammenzuziehen, was oft das Ende vom Lied bedeutet; denn wenn die erste Verliebtheit verflogen ist, merkt der einzelne, daß viele Themenbereiche, die ihm wichtig sind, in der Partnerschaft unbeantwortet bleiben.

Jürg Willi schreibt in seinem Buch *Was hält Paare zusammen?:* »Das Nichtverfügenkönnen über die Ansprechbarkeit des Partners erzeugt Wut, Verzweiflung und Angst. Meist ist es ein langer Weg, bis man akzeptieren kann, daß man sich mit diesem spezifischen Partner nur in einer begrenzten Weise verwirklichen kann. Es stellt sich die Frage, ob einem die Beziehung in dem ihr möglichen Beantwortet-werden genügt oder ob man darin verdorrt und abstirbt. Wieviel Begrenzung ist zumutbar und sinnvoll? Eventuell melden sich Phantasien, was vom eigenen Potential sich hätte verwirklichen können, in der Verbindung mit einem anderen Partner. In einer Lebensgemeinschaft leben heißt, sich für *eine* mögliche Form von Leben und persönlicher Entfaltung zu entscheiden, in Anerkennung der Tatsache, daß andere mögliche Formen sich dadurch nicht verwirklichen können.«

Eine feste Beziehung gilt üblicherweise auch als Schicksalsgemeinschaft, d. h. jeder Teil der Zweierbeziehung nimmt Anteil am Schicksal des anderen. Das Motto lautet: In guten wie in schlechten Tagen zusammenhalten und einander treu zur Seite stehen.

Dieses Motto ist leicht zu realisieren bei vorwiegend angenehmen Eigenschaften und Vorlieben des Partners.

Aber es kann auch sein, daß der einzelne sich, wenn er mit ihm in einer Wohngemeinschaft zusammenlebt, ständig konfrontiert sieht

- mit dem konträren Lebensstil des anderen
- mit der unangenehmen Stimmung, die der andere verbreitet
- mit den Telefonaten des anderen
- mit der Unzufriedenheit des anderen
- mit dem Drang zu Nörgelei und Maßregelung, Besserwisserei und Rechthaberei, den der andere auszuleben versucht
- mit den finanziellen Schulden des anderen
- mit dem unterschiedlichen Schlafrythmus des anderen
- mit den Kindheitsprägungen des anderen
- mit dem Mißerfolgsskript des anderen
- mit den Unfähigkeiten und Unzulänglichkeiten des anderen
- mit der Untätigkeit des anderen
- mit der mangelnden Reaktion des anderen
- mit der mangelnden Selbstkritik des anderen
- mit den innerseelischen Konflikten und Spannungen des anderen
- mit den unterschiedlichen Vorstellungen des anderen
- mit den Abwehrhaltungen des anderen
- mit dem unterschiedlichen Geschmack des anderen
- mit der Unbelehrbarkeit des anderen
- mit dem Putzfimmel des anderen
- mit dem Perfektionswahn des anderen

– mit den ewig gleichen Redewendungen des anderen
– mit den stets sich wiederholenden Geschichten aus der Vergangenheit des anderen
– mit der Hektik und Unruhe des anderen
– mit den Erwartungshaltungen und Ansprüchen des anderen
– mit den Übergriffen des anderen
– mit der Aggressivität des anderen
– mit dem Machtgebaren des anderen
– u. s. w.

Da sich umgekehrt auch der Partner mit all diesen Dingen auseinandersetzen muß, gleicht manche Beziehung einem Schlachtfeld. Ist die Zweierbeziehung noch dazu mit dem Treueanspruch gekoppelt, bleibt den Betreffenden gar nichts anderes übrig, als dieses Irrsinnskarussell auszuhalten.

Man hat mit dem eigenen Schicksal, mit den eigenen Krankheiten, Belastungen, Verpflichtungen, Spannungen, Konflikten und Schwierigkeiten genug zu tun, und außerdem wird man dann noch zusätzlich in das Schicksal des anderen mit hineingezogen. Selbst wenn es jemandem gelingt, mit sich selbst gut ins reine zu kommen, so daß sein Lebensschiff ein mächtiger Dampfer ist, der klar und dynamisch den Kurs auf ein Ziel einhält, wird er durch eine Beziehung mit einem anderen, der nur über ein leckes Ruderboot verfügt, gefährdet. Er muß als Kapitän seinen Dampfer verlassen, muß dem Partner helfen, Wasser aus dem Boot zu schöpfen und das Leck zu reparieren. Doch während er ihm zeigt, wie man das Boot wieder auf Vordermann bringt, bricht auf seinem eigenen Dampfer die Meuterei aus: das Schiff kommt vom Kurs ab und ist schließlich selbst gefährdet.

Wer sich also zu sehr einspannen läßt, dem anderen bei der Verwirklichung seiner psychischen Struktur zu helfen, die Defizite des anderen aufzufüllen versucht, dessen Schulden

begleicht, seine verbockten Angelegenheiten regelt und endlos sein Gejammere anhört, der rutscht – sofern er dies öfter zu tun pflegt – bald selbst in Richtung Sozialhilfeempfänger.

Ganz abgesehen davon, daß eine solche Schicksalsmixtur (das Schicksal des einen + das Schicksal des anderen = gemeinsames Schicksal) auch aus anderen Gründen denkbar ungünstig ist; denn der einzelne hat dann nicht mehr das eigene pure Schicksal, d. h. er hat nicht mehr positive oder negative Feedbacks auf seine eigenen Ursachen, sondern nur noch Rückmeldungen auf die Mixtur. Dadurch fehlt ihm die Möglichkeit zur Korrektur. Sein eigenes Schicksal ist im gemeinsamen Schicksal weitgehend verloren gegangen. Das bedeutet letztendlich, daß er oft gar nicht mehr beurteilen kann, was vom Schicksal her für ihn selbst und was für den Partner bestimmt ist. Er kann für sein eigenes Schicksal nicht mehr uneingeschränkt verantwortlich zeichnen. Der entsprechende »Lerneffekt« geht verloren.

Deshalb ist es auch für einen Partner, der häufig Mißerfolge erzielt, wichtig, seine Suppe vorwiegend selbst auszulöffeln. Wie sollte ihm irgend etwas bewußt werden und wie sollte er irgendwelche Erkenntnisse erlangen, wenn sein Partner ständig all das auszugleichen versucht, was ihm fehlt, oder ständig die Fehler, die er begeht, wieder ausbügelt? Es wäre im Sinne der Persönlichkeits- und Bewußtseinsentwicklung sogar notwendig, daß der Leidensdruck stärker wird, damit der Betreffende endlich einmal nachdenkt, Informationen einholt, Kurse besucht und – vor allem – Anlagen ausbildet.

Freilich ist es für den weniger Klugen, für den finanziell Schwachen oder für den Unselbständigen zunächst scheinbar von großem Vorteil, sich mit einem gescheiten, reichen oder selbständigen Menschen zu liieren. Vom Gesichtspunkt der Persönlichkeitsentwicklung her ist eine solche Verbindung jedoch meist ungünstig, da der Schwache und Unfähige damit in seiner Abhängigkeit und Unmündigkeit festgehalten wird. (Insofern ist die »gute Partie«, von der früher so viele konservativ strukturierte Frauen schwärmten, mehr als zweischneidig!)

Noch vertrackter wird die Situation, wenn man bedenkt, daß so manche Krankheiten und Schicksalsschläge ja oft Folgeerscheinungen des Zusammenlebens darstellen, etwa weil kein eigenes Revier mehr vorhanden war oder weil der Betreffende aufgrund der ständigen Irritation in der Partnerschaft kaum mehr einen klaren Gedanken fassen konnte und dadurch seine Kreativität im Keime erstickt wurde.

Wenn man dann aus solchen Gründen erkrankt oder beruflich Schiffbruch erleidet, pflegt man zu sagen: »Gut, daß ich wenigstens einen Partner habe, der zu mir hält!« Doch auch dies ist häufig nicht einmal so sicher, da u. U. die »Basis« der Beziehung verloren ging und der Partner nun über weniger Projektionsmöglichkeiten verfügt.

Nach all dem oben Erwähnten stellt sich in einer Partnerschaft also vielfach die Frage: Wie lange halten die Betreffenden durch, wie ist es mit ihrer *Leidensfähigkeit* bestellt?

Leider ist die Leidensfähigkeit eine der wenigen Fähigkeiten, bei der unsere Gesellschaft eine positive Bilanz aufweist. Man könnte sogar von einer Erziehung zur Leidensfähigkeit sprechen.

Da – wie an anderer Stelle dargestellt – unsere Schulen nicht auf das Leben vorbereiten und daher auch die entsprechenden Fähigkeiten nicht entwickelt werden konnten, muß der einzelne quasi als »Greenhorn« all die Wahrheiten, Mechanismen und Gesetzmäßigkeiten erst durch den Umweg über großes Leid und einen hohen Lebenszeitverlust erfahren. Bis er die wichtigsten Dinge auf verschiedensten Lebensgebieten in Erfahrung bringt (sofern ihm überhaupt dieses Glück zuteil wird), ist er alt und grau geworden und kann dann kaum mehr etwas realisieren.

Er muß den unbewußten Weg, den sogenannten »Holzweg« gehen, der mit Schmerz, Krankheit und Mißerfolg gepflastert ist. Das Schlimme oder das Gute daran ist, je nachdem wie man es betrachtet, daß er sein ganzes Elend als solches nicht empfindet, weil fast alle anderen Menschen in seinem Umfeld ebenso unwissend sind, ebenso an Krankheiten und Zipperlein leiden und ebenso in stickigen Beziehungskisten voller Krisen und Schmerzen stecken.

Will einer dann mal nicht mehr mitmachen und aussteigen, werden Durchhalteparolen ausgegeben. Die Devise in der Partnerschaft lautet: »Du darfst nicht die Flinte ins Korn werfen! Du kannst nicht einfach flüchten! Du mußt dich mit deinem Partner auseinandersetzen! In jeder Beziehung gibt es Krisen, da mußt du einfach durch! Erst das macht eine tragfähige, tiefe Beziehung aus: wenn man auch dunkle Zeiten durchzustehen vermag!«

Doch in Wirklichkeit ist die Leidensfähigkeit die einzige Fähigkeit, die man *nicht* erlernen sollte, denn die Leidensfähigkeit ist im Grunde nur *Ersatz* für all die wertvollen Anlagen und Fähigkeiten, die im Leben entwickelt und eingesetzt hätten werden müssen. Weil man dies versäumt hat, muß man ersatzweise leidensfähig werden. Man hat versäumt, sich durchzusetzen, sich abzugrenzen, sich eine finanzielle Sicherheit zu erwerben, durch rhetorisches Geschick bessere Bedingungen für sich herauszuschlagen, sein Leben besser zu managen, sich selbständig und unabhängig zu machen, die eigenen Fehler zu analysieren, Kompromisse einzugehen oder die Gesetze des Erfolges anzuwenden.

Soll man jedes Schicksal, das mit dem Partner verbunden ist, annehmen?

Sybille (39) war als drittes Kind in ihrer Herkunftsfamilie unerwünscht. Aufgrund dieses Traumas fühlte sie sich auch später als Erwachsene im Eigenwert gehemmt und glaubte, ständig zu kurz zu kommen. Obwohl sie als Amtsrätin in einer Behörde über ein gutes Einkommen verfügte, lamentierte sie über ihr trauriges Los, sich die wirklich schönen Dinge im Leben nicht leisten zu können.

Eines Tages lernte sie Alfred (44), einen erfolgreichen Rechtsanwalt, kennen, der zunächst von ihr so angetan war, daß er bereits zwei Wochen nach dem ersten Rendezvous mit ihr in Urlaub fuhr. Im Laufe dieses Urlaubsaufenthaltes ergaben sich jedoch einige Probleme. Sybille wollte fast ununterbrochen Zuwendung und Zärtlichkeit. Wenn Alfred nur kurze Zeit einmal nicht aufmerksam war (z. B. weil er sich in der steten Widmung ihr gegenüber erschöpfte), brach sie in Tränen aus und gab ihm zu verstehen, daß sie sich vernachlässigt fühlte.

Auf der materiellen Ebene zeigte sich dasselbe Bild: obwohl Alfred ihren gesamten Urlaubsaufenthalt großzügig finanzierte, ihr Geschenke machte und sie verwöhnte, war es immer noch zu wenig. Es war ein Faß ohne Boden. Da all dies Alfred zu anstrengend war, beendete er nach dem Urlaub die Beziehung.

Sybille jedoch hielt ihm vor, er würde den weit verbreiteten Fehler machen, vor Problemen davonzulaufen.

Weiter meinte sie, er hätte Scheu davor, sich mit ihr auseinanderzusetzen und sich auf eine tiefe Beziehung einzulassen. Gerade jetzt solle er Mut an den Tag legen und mit ihr zusammenziehen.

Als dieser Fall vor unseren Kursteilnehmern zur Sprache kam, ging es primär um die Frage: Ist Alfred wirklich jemand, der vor Problemen flüchtet? Muß er sich nicht nach den Gesetzen der Anziehung fragen: Warum habe ich diese Frau angezogen? Was soll ich daraus lernen?

Doch nach den Gesetzen der Anziehung hatte Alfred keine dauerhafte Affinität mit dem Schicksal, mit dem Sybille ihn verbunden hätte. Wäre er unbewußt in diese Situation geraten, hätte er vielleicht einige Jahre oder gar Jahrzehnte gebraucht, um zu der Erkenntnis zu kommen, daß er ihre unglückliche Kindheit nicht ungeschehen machen kann, daß es nicht seine Aufgabe in diesem Leben ist, ihr die fehlende Liebe in dem erforderlichen Maße und auf Dauer zu geben, die sie bräuchte und die sie sich so ersehnt. Er hätte zu ihrem Leid, das er nicht verändern könnte, auch noch sein eigenes Leid hinzugefügt.

Als Alfred diese Erkenntnis schon nach vier Wochen hatte, konnte er sein Leid beenden; denn Leid hat nur Sinn, wenn daraus eine Erkenntnis resultiert.

Alfred hat also auch das *Recht*, das Schicksal, das mit Sybille verbunden gewesen wäre, *nicht anzunehmen*.

Vielleicht braucht er ein *anderes* Schicksal, aber diese Schicksalsvariante brauchte er nicht mehr, weil er erkannt hatte, was die Folge davon gewesen wäre, wenn er auf den ausgelegten Köder hereingefallen wäre: er wäre vermutlich viele Jahre in der Geberrolle und Sybille in der Nehmerrolle geblieben.

Indem er aber aus seiner krankhaften Geberrolle ausstieg, fungierte er für ihre »Krankheit« nicht mehr als Antagonist.

Hätte hingegen Sybille eines Tages einmal eine Krankheitseinsicht, könnte sie in Therapie gehen, ihr Verhalten ändern und auch aus ihrer pathologischen Nehmerrolle aussteigen. Sie würde dann völlig anders strukturierte

Männer kennenlernen, und die Dauer ihrer Beziehungen wäre nicht mehr davon abhängig, wie lange der Partner die erwartete Rolle durchhielte.

Dieser Fall zeigt auf: Man muß nicht jedes Schicksal annehmen, das am Wegesrand angeboten wird. Man kann es auch jenen überlassen, die es noch dringend brauchen, um zur Erkenntnis zu kommen.

Vorteile des Zusammenlebens und des Single-Daseins

Viele stellen sich ein Zusammenleben mit dem Partner wunderbar vor. Die Nähe des geliebten Menschen spüren, stundenlang kuscheln, wann immer man will sexuelle Lust erleben, schöne Gespräche führen und – vor allem – einen Menschen um sich zu haben, dem man sich ganz öffnen kann, bei dem man nicht ständig auf der Hut sein muß, bei dem man seine Maske fallen lassen und endlich ganz man selbst sein kann.

Ist die anfängliche Euphorie dann verflogen, sieht die Wirklichkeit jedoch meist etwas anders aus: Das Leben in Autonomie und Freiheit ist zu Ende, man kann nicht mehr tun und lassen, was man will, man muß sich ständig mit dem Partner abstimmen, andauernd Rücksicht nehmen und selbst für die kleinsten Dinge Rechenschaft ablegen.

Zusammenleben bedeutet: kein eigenes Revier, keine eigene abgeschlossene Wohnung zu haben (der Partner hat den Schlüssel dazu), bedeutet, nichts offen liegenlassen zu können – keine Notizen, keine Rechnung, keine Mahnung, keine Tagebuchaufzeichnungen –, nicht mehr frei telefonieren zu können, ohne daß jemand mithört, keinen Quadratmeter für sich selbst zu haben. Man fühlt sich heimatlos in der »eigenen« Wohnung!

Ständig muß man sich mit dem Partner auseinandersetzen, selbst dort, wo es sonst nichts auseinanderzusetzen gibt, nur weil die schwierige Situation vorherrscht, daß zwei Menschen sich ein Revier teilen müssen.

Plötzlich wird auch der einzelne in der Zweierbeziehung mit einer Fülle an Gefühlen konfrontiert, die er vorher in seinem Single-Dasein nie hatte. Er fühlt sich oftmals schuldig, weil er glaubt, sich seinem Partner noch zu wenig zu widmen, Ohnmachtsgefühle und Gefühle der Angst wechseln sich ab, und plötzlich ertappt er sich, daß er zu lügen beginnt, daß er immer mehr Heimlichkeiten gegenüber dem Partner entwickelt.

In dem Moment, in dem einer der Partner oder gar beide, als Individuum erwacht bzw. erwachen, tauchen zwangsläufig Konflikte und Schwierigkeiten auf; denn individuelle Entfaltung und das Zusammenleben in einer Zweierbeziehung sind nicht einfach miteinander zu vereinbaren.

Auf der einen Seite stehen der Wunsch nach einem eigenen Revier, nach Verwirklichung des eigenen Geschmacks, des eigenen Weges, der eigenen Berufung, von Freiheit und Unabhängigkeit, der eigenen Ideen und Träume, und im Gegensatz dazu, auf der anderen Seite, der Drang nach Gemeinsamkeit und Einssein.

Zwar geben die meisten Paare vor, innerhalb der Beziehung frei zu sein, und reden auch davon, daß bei ihnen jeder seine Individualität bewahren könne – doch es besteht ein großer Unterschied zwischen dem, was gesagt wird, und dem, was dann tatsächlich ist.

Hildegard (37), eine erfolgreiche Geschäftsfrau, drückte in einem Interview ihre schlechten Erfahrungen folgendermaßen aus: »Wenn es dem Partner nicht paßt, kann man nicht einmal Freunde einladen, Unerledigtes vom Büro aufarbeiten, kann man nicht einmal einen Mantel alleine kaufen, weil dann u. U. gemeckert wird über den Preis, die Farbe oder die Machart – geschweige denn ein Grundstück oder eine Eigentumswohnung als Geldanlage: Da braucht man sogar – wenn man in herkömmlicher Ehe lebt (Zugewinngemeinschaft) – die Unterschrift des Ehepartners; man ist also total entmündigt.«

Im Laufe der Zeit gewöhnt sich der einzelne daran, nur

noch die Dinge zu tun, die vom anderen sanktioniert werden. Das Leben wird »eingesargt«.

Aus diesem Grund gibt es immer mehr Singles, die es ablehnen, (Ehe)paare einzuladen, weil die Langeweile bei ihrem Besuch nicht mehr zu überbieten ist. Erst wenn sie den einen oder anderen der beiden separat treffen, ist er nicht mehr befangen und geht aus sich heraus, spricht das aus, was er wirklich denkt, wird er lebendig oder spricht die Dinge im Leben an, um die es wirklich geht. Da ist es auch mal spannend und lustig, wenn er zum Beispiel von seinen Liebesabenteuern erzählt oder von einem heimlichen finanziellen Coup.

Hat denn niemand beim Zusammenleben Vorteile?

Kritiker der Zweierbeziehung behaupten, Zusammenleben sei eine günstige Lebensform nur für den weniger Klugen, für den finanziell Schwächeren, für den Unselbständigen.

Er hat große Vorteile und empfindet viel Freude, wenn er mit einem klugen, finanziell gesicherten und selbständigen Menschen zusammenkommt.

Deshalb war für viele Frauen, als sie noch nicht emanzipiert waren, die Ehe mit einem solchen Mann das Ziel und zugleich das große Glück. Für den Mann hingegen bedeutete es Glück und Erfüllung, wenn er ein braves Weib gefunden hatte, das gut kochte, die Wäsche machte und die Wohnung sauber hielt.

Zusammenleben in einer Zweierbeziehung – vorausgesetzt, man stellt keine hohen Ansprüche in bezug auf interessante Gespräche oder gar Glück – kann also in der Kollektivneurose nur funktionieren:

1. bei alter Rollenverteilung: er versorgt sie mit Geld und Geschenken und gewährt ihr Schutz, sie versorgt ihn mit Nahrung, frischer Kleidung und einer behaglichen Wohnung und läßt ihn sexuell gewähren.

2. bei einem gemeinsamen Geschäft, wenn er z.B. als Dachdecker oder Bäckermeister arbeitet und sie das Büro organisiert oder im Laden steht.

In solchen Fällen ergänzen sich die Rollen, und jeder zieht daraus seinen Vorteil.

Hingegen ist das Zusammenleben von zwei Partnern, die beide in verschiedenen Branchen berufstätig sind, mehr als schwierig. Keiner hat irgendeinen Vorteil durch die Beziehung, meist ist damit sogar eine Mehrbelastung verbunden. Solche Partnerschaften existieren primär nur als Selbstzweck, ohne Sinn und Zweck, ohne Weg und Ziel.

Und weil keine gemeinsamen Wege und Ziele vorhanden sind, werden Eheschließungen – und später dann die Scheidungen – vom Unbewußten zu Ersatzzielen erkoren. Zuerst arbeitet man mit aller Kraft auf die Hochzeit hin, doch nach der Hochzeit sind außer Kindern oder Hausbau keine anderen Ziele mehr vorhanden, so daß man unbewußt der Scheidung entgegenfiebert.

Aus diesem Grunde ist auch jede Partnerschaft, gerade wenn die Kinder flügge geworden sind oder wenn das Haus bezugsfertig geworden ist, besonders gefährdet.

Manche werden nun einwenden, daß es sehr wohl möglich sei, daß beide Partner Vorteile aus dem Zusammenleben ziehen: Indem jeder das einbringt, was er besser kann, entstehe ein synergetischer Prozeß, der beide beflügelt und stärker macht.

Rudolf und Karin Schwarz bemerken in ihrem Buch *Das Indianerprinzip*, wie wichtig es ist, daß Zuständigkeiten innerhalb einer Beziehung nicht künstlich geschaffen werden sollen, sondern eine natürliche Kompetenzverteilung stattfinden soll, wonach wirklich immer nur der die Zuständigkeit hat, der auch die Qualifikation dafür mitbringt. Denn – so schreiben sie – es soll unter allen Umständen – und das wäre das höchste Gut im Leben –

ausschließlich der die Dinge tun, der auch tatsächlich mehr davon versteht.

Was aber ist, wenn beide – wie es heute fast der Normalfall geworden ist – keine Lust auf Kochen und Hausarbeit haben?

Wo also sind die unterschiedlichen Talente, die sich gegenseitig ergänzen?

Bisher wurden primär nur die ungünstigen Aspekte der herkömmlichen Zweierbeziehung beleuchtet. Wir werden im dritten Teil dieses Buches im Kapitel *Fähig werden für eine wirklich gute Beziehung* sehen, daß es *doch* einen Ausweg aus diesem Dilemma gibt.

Wie aber sieht es im Leben eines Singles aus? Welche Nachteile muß er in Kauf nehmen?

Menschen, die sich als Single durchs Leben schlagen, leiden häufig darunter, daß sich niemand bei einem Erfolg mitfreut, daß bei einem Mißerfolg niemand da ist, der einen tröstet, daß man so sehr auf sich alleine gestellt ist, daß man keinen Zuspruch erfährt, daß kein »wir« entsteht im Sinne von »zusammen sind wir stärker« oder »zusammen werden wir das Kind schon schaukeln«. Deshalb beklagen sich viele Singles auch darüber, daß sie weder vor sich noch vor der Umwelt sagen können: »Das ist mein Mann« bzw. »Das ist meine Frau!«

Man vermißt als Single häufig das Zugehörigkeitsgefühl, sowohl selbst zu jemandem zu gehören als auch, daß sich jemand zu einem bekennt. Single sein heißt, direkt und ungeschminkt zu erfahren: Ich bin allein! Ich bin selbst für alles, was mir Gutes und Schlechtes widerfährt, verantwortlich. Ich habe niemanden, der mir hilft, mich stützt oder mir Zuspruch gewährt. Ich muß mich alleine durchschlagen, von welcher Seite der Wind des Lebens auch immer kommen mag.

Entwicklungspsychologisch sieht es so aus, daß die Single-phase eine wichtige Entwicklungsstufe darstellt, um mehr Selbständigkeit, Unabhängigkeit und Freiheit zu erlangen, um klarer zu erkennen, wer man ist und was man vom Leben erwartet.

Die Gefahr liegt in dieser Phase darin, daß man nur noch sich selbst als Mittelpunkt der Welt sieht und kaum Korrekturen von außen erfährt. Manchmal sind Anpassungsfähigkeit und Kompromißbereitschaft kaum mehr vorhanden, so daß dann bereits ein Wochenende mit einem Partner große Schwierigkeiten bereitet.

Vorteile des getrennt Wohnens bzw. Single-Daseins

- Mehr Selbständigkeit
- Mehr Unabhängigkeit
- Stärkere erotische Anziehung durch Distanz
- Mehr Freizeit
- Man kann tun und lassen, was man will
- Man kann mehr den eigenen Interessen nachgehen
- Mehr Selbstverwirklichung möglich
- Man kann mehr über die eigene Zeit verfügen
- Man unterhält mehr Kontakte nach außen
- eigener Freundeskreis
- eigenes Revier (abgeschlossene Wohnung)
- Zweitbeziehung ist besser möglich

- Mehr berufliches Engagement möglich
- Mehr sexuelle Freiheit
- Keine Anpassungszwänge
- Mehr Ausdrucksmöglichkeiten für den eigenen Geschmack
- Keine Rollenspiele erforderlich
- Weniger Druck, Kompromisse eingehen zu müssen
- Keine ständige Konfrontation mit Erwartungshaltungen und Forderungen
- Weniger Überwachung und Kontrolle
- Weniger Belastung durch Spannungen und Konflikte des anderen
- Man wird nicht in den Lebensstil des anderen hineingezogen
- Keine Teilung von Besitz und Finanzen

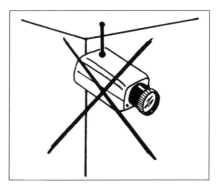

Vorteile des Zusammenlebens

- Tägliche Kommunikationsmöglichkeit
- Jederzeit Sexualität und Zärtlichkeit möglich
- Mehr Nähe und Geborgenheit
- Bei Krankheit steht der Partner als Helfer oder Tröster zur Verfügung
- Niedrigere Telefonkosten
- Man muß nur *eine* Wohnung mieten
- Keine doppelte Haushaltsführung
- Fernseher, Küche, Haushaltsgeräte usw. müssen nur einmal gekauft werden
- Durchsetzungsfähigkeit, Abgrenzungsfähigkeit, Anpassungsfähigkeit, Kompromißfähigkeit, Friedensfähigkeit usw. können besser eingeübt werden
- Erleichterung durch Arbeitsteilung möglich

- Es müssen keine Verabredungen und Treffpunkte vereinbart werden
- Mehr Zusammengehörigkeitsgefühl
- Mehr Anerkennung in der Gesellschaft
- Günstigere Voraussetzungen für eine Familiengründung
- Weniger Einsamkeit
- Mehr Möglichkeiten, eine größere Wohnung oder ein Haus zu mieten bzw. zu kaufen
- Mehr finanzielle Potenz (sofern beide Partner Einkommen beziehen)
- Partner fungiert als Spiegel
- Partner weist auf Fehlverhalten hin, korrigiert
- Mehr Möglichkeiten, aus dem rein subjektiven Bezug herauszukommen

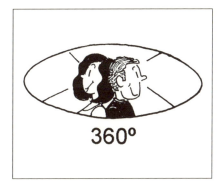

Lösungsmöglichkeiten

Das eigene Gewissen umpolen

Wenn Sie nachstehende Übersicht (Seite 196/197) über das Netz der Weltprobleme betrachten, werden Sie fragen: Was hat denn das mit der Umpolung des eigenen Gewissens zu tun?

Wir sehen in der Grafik als Ausgangspunkt für alles Übel in der äußeren Welt ein selbstgerechtes Wertesystem, ein Wahnsystem, bei dem man glaubt, daß auf einem beschränkten Planeten ein unbeschränktes Wirtschaftswachstum möglich wäre. Fast alle Regierungen dieser Erde sind auf dieses System fixiert. Die Folgeerscheinungen sind unübersehbar – Verseuchung von Boden und Wasser, Luftverschmutzung, Zerstörung der Ozonschicht, Treibhauseffekt, Artensterben, wachsender Energieverbrauch, Bevölkerungsexplosion, Rodung von Wäldern, Bodenerosion, Überschwemmungen, Wüstenbildung...

Es wirft sich hier die Frage auf, woher denn eigentlich dieser ungebremste Drang nach Expansion und Wachstum auf der materiellen Ebene kommt.

Die Antwort ist einfach zu finden: in der Kollektivneurose wird seelisch-geistiges Wachstum unterdrückt, und deshalb fungiert das materielle Wachstum als Ersatz und Ventil.

Die Schubkraft des Wachstums geht nur noch in eine Richtung. Von daher ist die Überdimensionierung des materiellen Wachstums verständlich.

Wenn wir das Horrorszenario in der Außenwelt mit der Innenwelt des Menschen vergleichen, wird deutlich, daß hier erstaunliche Parallelen zu verzeichnen sind. Was für die Außenwelt der Wachstumswahn ist, sind für die Innenwelt Moral und Konvention. Moral und Konvention verursachen

also in der Innenwelt ebenso Tausende von negativen Folgeerscheinungen, wie der Wachstumswahn dies in der Außenwelt bewirkt.
Die totale Innenweltverschmutzung, die Verseuchung von Körper, Seele und Geist durch Moral und Konvention soll in der Übersicht (Seite 200/201) aufgezeigt werden.

Obwohl Moral und Konvention in der Innenwelt des Menschen ihr Unwesen treiben und die Lebensqualität des einzelnen so sehr schmälern, wird dennoch daran festgehalten. Aufgrund dessen liegt der Verdacht nahe, daß es sich hierbei um ein Wahnsystem handelt.
Nach den Erkenntnissen der Psychopathologie ist Wahn eine objektiv falsche, aus krankhafter Ursache entstehende Überzeugung, die trotz vernünftiger Gegengründe aufrechterhalten wird. Seine phänomenologischen Kriterien sind:

1. Die wahnhafte Überzeugung wird mit einer subjektiven Gewißheit erlebt.

2. Unbeeinflußbarkeit durch Erfahrung und durch zwingende Schlüsse (Widerspruch zur Evidenz)

3. Absolute Unkorrigierbarkeit auf dem Höhepunkt der Erkrankung

4. Entstehung aus krankhafter Ursache

5. Im Vergleich zum Irrtum besteht ein Unterschied hinsichtlich der Ursachen und der Konsequenzen. Ein Irrtum ist bei ausreichender Information korrigierbar, am Wahn hingegen wird trotzdem festgehalten. Sämtliche Informationen und Ereignisse werden nur im Sinne des eigenen Wahngebäudes interpretiert.

DAS NETZ DE[R]

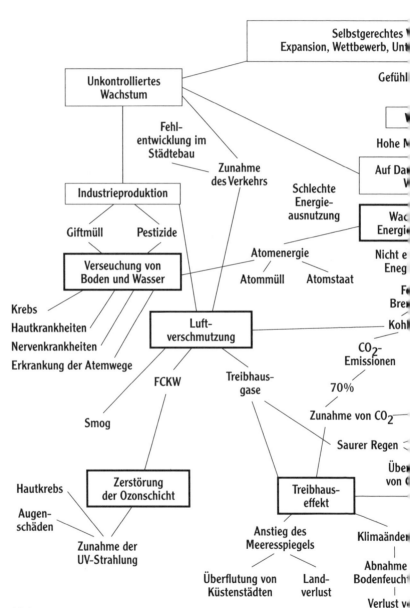

196

WELTPROBLEME

All diese Kriterien finden wir bei der Ideologie der Moral vor. Es handelt sich also gewissermaßen um eine kollektive Paranoia.

Ferner: Obwohl der herkömmlichen Moral die gute Absicht inhärent ist, das Chaos zu ordnen und mehr Menschlichkeit zu schaffen, erzeugt sie dennoch meist gerade das Gegenteil.

Da die Grundlage, auf der die herkömmliche Moral aufbaut, nicht realer Natur ist, können auch die Ergebnisse nicht positiv sein.

Denn die konventionellen Moralvorstellungen basieren auf Triebverleugnung und Triebverzicht, auf der herkömmlichen Form von Anstand – was gleichbedeutend ist mit der Verleugnung der eigenen Interessen, Wünsche, Träume und Ziele –, auf der Unselbständigkeit der Frau, auf der finanziellen Abhängigkeit der Frau, auf der Institution der Ehe und damit verbunden auf dem Maßstab der »Treue bis in den Tod«, auf der Fixierung, der Partner befände sich im eigenen Besitz, auf der Norm, jede Familie müsse Haushalt und Kindererziehung *alleine* bewältigen, auf dem Grundsatz »Ora et labora« ...

Da nach diesem psychischen Krebsgeschwulst gefühlt, gedacht und gelebt wird, entstehen im Laufe des Lebens immer stärkere Schmerzen und Schicksalsschläge – Schicksalsschläge, die nicht sein müßten, wenn man nur die Perspektive verändern würde.

So litt die 37jährige Chefsekretärin Doris furchtbar darunter, daß der Mann, den sie liebte, bereits verheiratet war.

So bekam Margarete eine Herzattacke, weil ihre Tochter Gabi Edelnutte wurde.

Karin, eine 56jährige Hausfrau, hatte einen Bandscheibenvorfall, ausgerechnet zu der Zeit, als sie erfuhr, daß ihr Sohn sich scheiden ließ.

Herbert, seit kurzem erst in Pension, erlitt einen Nervenzusammenbruch, weil sein Sohn Peter mit 35 Jahren dem Berufsleben ade sagte.

In all diesen Fällen geht es nicht um den jeweiligen Menschen, sondern nur um die Einhaltung einer Norm.

Vom Gesichtspunkt des Lebens aus kann und muß es den Betreffenden egal sein, wie die anderen – und sei es der eigene Partner, das eigene (erwachsene) Kind oder sonstige nahe Bezugspersonen – ihr Leben leben. Jeder ist für sein eigenes Leben verantwortlich und hat im Leben des anderen nichts zu bestimmen.

Je weniger jedoch jemand sich selbst lebt, um so mehr neigt er dazu, auf seine Mitmenschen zu projizieren und deren Leben zu kontrollieren. Nur wenn die Mitmenschen die Norm einhalten, also nicht ihr eigenes Leben leben, hat der Betreffende die Gelegenheit, Anerkennung in der Umwelt zu ernten.

Schließlich kann man schlecht seiner Umwelt erzählen, daß die Tochter Edelnutte wurde, daß der Mann, den man kennengelernt hat, schon verheiratet ist oder der Sohn nicht mehr entfremdete Arbeit verrichten will.

Die Unmenschlichkeit der herkömmlichen Moral, die nur Menschlichkeit und Güte vortäuscht, wurde früher besonders augenscheinlich, als Töchter verstoßen oder enterbt wurden, nur weil sie ein uneheliches Kind nach Hause brachten oder als geschiedene Personen von vornherein als suspekt erschienen.

Wenn wir die Übersicht auf den Seiten 200 und 201 betrachten, können wir die Früchte der herkömmlichen, lebensfeindlichen Moral erkennen: Unentwickeltheit, Unselbständigkeit, Verdummung und Frustration, wobei Frustration wieder den Drang nach Konsum entstehen läßt. Und gesteigerter Konsum ist wiederum günstig für das Wirtschaftswachstum, so daß wir wieder – der Kreis schließt sich – beim Netz der Weltprobleme angelangt sind.

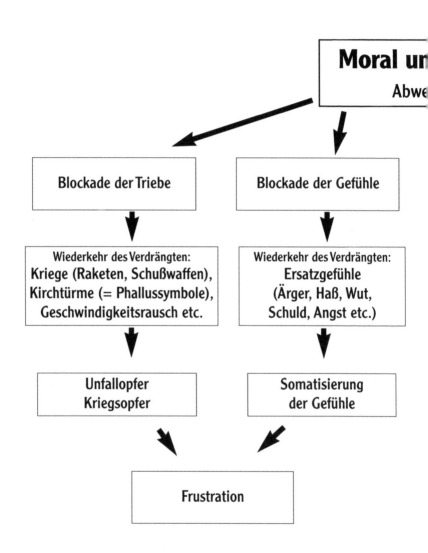

Konvention
von Leben

- **Blockade von eigenen Gedanken und Ideen**

  Wiederkehr des Verdrängten: Ideologien, dogmatische religiöse Lehren, Sekten, herkömmliche Schulen

  Fremdbestimmung auf allen Lebensgebieten

- **Blockade der Bewußtseinsentwicklung**

  Wiederkehr des Verdrängten: Abwehr- und Anpassungsmechanismen, Abwehr von Leben, strenges Über-Ich, strenge Moral

  keine Persönlichkeitsentwicklung bzw. kein Wachstum, keine Ausbildung von Anlagen

Unselbständigkeit, Verdummung

Gibt es einen Ausweg aus dem Dilemma?

Der Ausweg ist so einfach, daß man ihn kaum für möglich hält.

Rekapitulieren wir an dieser Stelle noch einmal die Szenerie und ziehen dann die notwendigen Schlüsse:

Viele Menschen fühlen sich Moral und Konvention gegenüber verpflichtet und verantwortlich. Sie haben ein schlechtes Gewissen, wenn sie etwas fühlen, denken oder gar tun, was nicht der Norm entspricht. Doch gerade die Norm und das Ideal (Schönheitsideal, Mutterideal, Vaterideal, Karriereideal etc.) sind es, die persönliche Eigenart und Individualität des einzelnen – also das, was Leben und Lebensqualität ausmacht – unterbinden.

Aufgrund von Normen, Geboten und Verboten der patriarchalen Kultur müssen daher die eigenen Triebe, Gefühle und Gedanken verdrängt werden. Die Verdrängung jedoch bewirkt eine Pervertierung dieser Energien, das heißt, die Energie erscheint nicht mehr in ihrem ursprünglichen Kleid, sondern wird krankhaft. Daraus folgen negative Gefühle, fanatische Gedanken und Ideologien, Krankheiten, ungünstiges Schicksal, Kriege und früher Tod.

Ist es also besser, sich gegen die herkömmliche, lebensfeindliche Moral zu stellen?

Ein amoralisches Verhalten zeitigt jedoch leider noch ungünstigere Ergebnisse. Es ruft die Moralisten auf den Plan, die dann auf diese Weise ihr Bedürfnis nach Maßregelung und Strafe ausleben können. Ziel sollte es daher sein: weder moralisch noch amoralisch zu sein, sondern sein »Über-Ich« umzupolen. Nicht mehr Moral und Konvention werden auf das Podest gesetzt, sondern Richtmaß ist dann das Gesetz des Lebens mit einem völlig neuen Maßstab von gut und böse:

Gut ist, was dem Leben dient, und schlecht ist, was dem Leben zuwiderläuft.

Das Schema auf den Seiten 204 und 205 zeigt auf, welche positiven Kettenreaktionen durch das gesamte Persönlichkeitssystem bei einer solchen Umpolung des Gewissens zu verzeichnen sind.

Endlich hat das Leben Vorrang und nicht mehr eine zweifelhafte Moral. Es ist bei diesem Maßstab nicht mehr möglich, moralisch zu sein und gleichzeitig Wasser, Luft und Erde zu verschmutzen.

Das Leben ist schützenswert, das heißt das eigene Leben, das Leben und die Gesundheit der Mitmenschen, der Tiere und der Pflanzen!

Wer sein Über-Ich umgepolt hat, hat Verantwortung übernommen und ist aus dem Trampelpfad der Masse herausgetreten. Er ist ein mündiger Bürger geworden. Und die Mün-

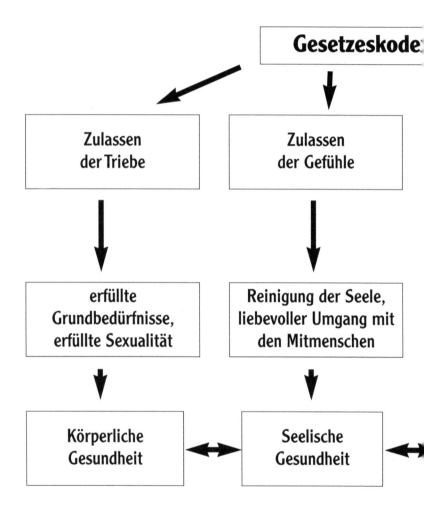

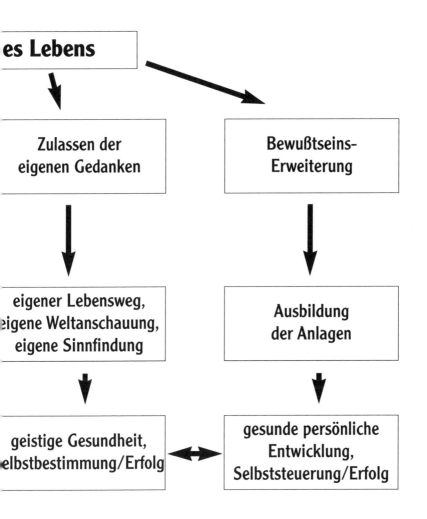

digen, die sich von der alten Moral befreien wollen oder sich schon befreit haben, mehren sich, was Anlaß zu Hoffnung gibt.

Welche Konsequenzen zeigt eine solche Umpolung des Über-Ichs in der Partnerschaft?

Vor allen Dingen bedeutet eine solche Umpolung auch eine Veränderung der Schuldgefühle und der damit verbundenen Selbstbestrafungstendenz des Unbewußten. Während man vorher Schuldgefühle beim Aufkeimen der »Stimme des Lebens« hatte, die einem zuflüsterte, doch einmal in der Tretmühle innezuhalten, sich etwas zu gönnen, es sich gutgehen zu lassen, das Leben zu genießen, dem Wohlleben und der Lustbarkeit zu frönen, anstatt ständig weiter zu schuften und Besitztümer anzuhäufen, damit die Erben sich später einmal ins Fäustchen lachen, hat man nun in der Anfangsphase der Umpolung Schuldgefühle, wenn man einmal *nicht* ausspannt, *nicht* die eigenen Wünsche und Träume realisiert, *nicht* genießt, *nicht* die eigenen Triebe und die des Partners befriedigt. Das kann unter Umständen heißen, daß man sich in der Anfangsphase sogar schuldig fühlen könnte, wenn man nicht dafür Sorge trägt, daß das eigene körperliche, seelische und geistige Ökosystem stimmt.

Im Gegensatz zu früher, als man sich unbewußt mit Krankheit bestrafte, wenn man Schuldgefühle hatte aufgrund geringfügiger Verstöße gegen die Gebote der Moral und des Anstandes, tut man sich in der Übergangsphase zum neuen Über-Ich weh oder erkrankt man, wenn man zu wenig seine Individualität zum Ausdruck bringt, zu wenig leidenschaftliche Nächte verbringt, zu wenig Wohlleben pflegt.

Nach dieser Übergangsphase, d. h. wenn der neue Gesetzeskodex im Inneren der Seele sicher installiert ist, ist mit keinen unbewußten Bestrafungen bzw. unbewußten Somatisierungen mehr zu rechnen.

Und noch ein Punkt ist zur Beruhigung des neuen Gewissens wichtig: wer sein Über-Ich umprogrammiert hat, verstößt nicht gegen geltendes (geschriebenes) Recht. Man kann es fast nicht glauben, aber es ist wirklich so: man verstößt gegen keine einzige Vorschrift oder Norm im Bürgerlichen Gesetzbuch und auch gegen keinen einzigen Paragraphen oder Artikel im Strafgesetzbuch!

Ja mehr noch! Man ist sogar dabei, das Grundgesetz der Bundesrepublik Deutschland, die Verfassung des österreichischen und Schweizer Staates oder die Artikel der allgemeinen Erklärung der Menschenrechte der Vereinten Nationen mit Inhalt zu füllen und endlich zu *verwirklichen*.

Mit der alten Moral konnte man nur von all den Grundrechten des Menschen reden, aber sie nie wirklich leben.

So sind alte Moral und das Recht auf freie Entfaltung der Person, das Recht auf Eigentum, Recht auf Gleichberechtigung, Recht auf Integrität der Wohnung, Recht auf Gedanken und Gewissensfreiheit usw. Widersprüche in sich.

Insofern sind diese Rechte innerhalb der alten Rahmenbedingungen unverwirklichbar.

Zur Orientierung, welche Menschenrechte sich dem einzelnen durch die Transformation des eigenen Gewissens von Moral auf Lebensgesetz eröffnen:

Menschenrechte

Recht auf freie Entfaltung der Person
Recht auf eigene Entwicklung
Recht auf ein eigenes Revier (eigenes Zimmer oder eigene abgeschlossene Wohnung)
Recht auf freie Wahl der ihm gemäßen Partnerschaftsform

(getrennt wohnen, Frequenz der Treffen, Zusammenwohnen, gemeinsames Schlafzimmer, getrennte Schlafzimmer etc.)
Recht auf freie Wahl des Wohnortes
Recht auf freie Wahl der Wohnform
Recht auf freien Aktionsradius
Recht auf körperliche, seelische und geistige Unversehrtheit
Recht auf Ruhe
Recht auf eigene Beziehungen (auf eigenen Freundeskreis)
Recht auf Zweit- oder Drittbeziehungen
Recht auf eigene Zeitstrukturierung (Recht, Zeit für sich selbst zu beanspruchen)
Recht auf einen eigenen Lebensstil
Recht auf Wohlleben
Recht auf Freizeit
Recht auf Freiheit
Recht auf Unabhängigkeit
Recht, eigene Hobbies zu pflegen
Recht, eigenen Interessen nachzugehen
Recht, selbst für den eigenen Körper, die eigene Seele und den eigenen Geist verantwortlich zu sein
Recht, im eigenen Leben Regie zu führen
Recht auf Gedankenfreiheit
Recht auf eigene Gefühle
Recht auf ein eigenes Triebleben
Recht, seine Gefühle zu zeigen
Recht auf einen eigenen Lebensweg
Recht auf eigene Ziele
Recht auf einen eigenen Beruf
Recht auf freie Wahl des Arbeitsplatzes
Recht, die eigene Berufung wahrzunehmen
Recht auf ein eigenes Bankkonto
Recht auf Eigentum (auf eigenen Besitz)
Recht auf freien Erwerb (von Auto, Grundbesitz etc.)
Recht auf eigene Weltanschauung, Philosophie oder Religion

Recht auf Weiterbildung
Recht, Informationen einzuholen
Recht auf Selbstverwirklichung
Recht auf ein eigenes Unternehmen, auf ein eigenes Geschäft
Recht auf Lebensgenuß
Recht, Distanz zu üben
Recht auf freie Kommunikation
Recht auf freie Sexualität
Recht auf Schönheit und Ästhetik
Recht, den eigenen Geschmack zu verwirklichen
Recht, sich selbst Freude und Glück zu verschaffen
Recht auf Kritik
Recht, zu hinterfragen und zu zweifeln
Recht auf Wahrnehmung der Hintergründe
Recht auf Geheimnisse und Heimlichkeiten
Recht auf Verwirklichung der eigenen Träume, Wünsche und Phantasien (allerdings nicht auf Kosten der anderen)
Recht auf Verwirklichung der eigenen Träume, Wünsche und Phantasien (allerdings nicht auf Kosten der anderen)
Recht auf Verwirklichung der eigenen Vorstellungen (ohne den/die anderen als Erfüllungsgehilfen zu mißbrauchen)
Recht auf Erfolg
Recht auf eigenen Gesetzeskodex
Recht auf Selbstverantwortung

Alle diese Rechte können selbstverständlich nur so weit ausgelebt werden, soweit sie den anderen nicht (in ihrer *ersten* Natur) schaden.

Ferner läßt sich daraus gleichzeitig die *Pflicht* und Verantwortung ableiten, diese Rechte auch dem Partner und Mitmenschen zuzugestehen.

Schließlich wird man bei der Umsetzung dieser Rechte merken:

Man muß zuerst menschlich zu sich selbst sein, dann erst ist es möglich, auch menschlich zu anderen zu sein.

Und noch etwas: es hat sich immer wieder gezeigt – wer einmal auf den neuen Gesetzeskodex umgestellt hat, der möchte nie mehr zurück.

Jeder, der es geschafft hat, sagte bisher übereinstimmend: »Es ist, als ob man aus einem Delirium, aus einem bösen Alptraum erwacht ist. Es ist so, als begänne man jetzt erst zu leben.«

Wenn die eigenen Triebe, Gefühle und Gedanken, also das, was die eigene Lebendigkeit ausmacht, schützenswert sind, dann heißt dies, sich abends vor dem Zubettgehen ganz andere Fragen zu stellen als bisher:

Check-Liste
Umwandlung des Gewissens

1. Habe ich heute mein Leben genossen?

2. Habe ich heute etwas für meine Triebe und deren Befriedigung getan?

3. Bin ich heute ein Stück weiter gekommen auf dem Weg zu meinen Zielen bzw. zu meiner Berufung?

4. Habe ich heute meine Gefühle und meine innere Stimme zugelassen?

5. Habe ich heute meine eigenen Gedanken aufkeimen lassen?

6. Habe ich heute etwas für meine Bewußtseinsentwicklung getan?

7. Habe ich heute die Lebendigkeit meines Partners oder Mitmenschen zugelassen und gefördert?

Petra B. (42), die erfolgreich an unserem Institut die Ausbildung zur Partner- und Beziehungsfähigkeit absolvierte, erklärt dies so:

»Bevor ich mich zu dieser Ausbildung entschloß, hätte ich nie gedacht, daß ich so viele Rechte habe. Zwar waren mir meine Freiheit und Unabhängigkeit schon immer sehr wichtig. Daß ich aber auch eine Menge an Verantwortung zu übernehmen habe, wenn ich wirklich über mein Leben und mein Schicksal selbst bestimmen möchte, war mir überhaupt nicht bewußt.

Ich träumte die ganze Zeit von einer glücklichen Beziehung, anstatt an der Entwicklung meiner entsprechenden Fähigkeiten zu arbeiten.

Und tatsächlich: in dem Moment, wo ich den Willen und Mut aufbrachte, meine Rechte in Anspruch zu nehmen, kam mir das Schicksal auch entgegen.

So lernte ich vor einem Jahr Stephan (46, Dipl.-Ing.) kennen. Bei ihm kann ich all das einüben, was für eine erfüllende Beziehung Grundvoraussetzung ist. Gleich von Anfang an habe ich ihm gegenüber ohne Schuldgefühle meine Rechte auf Durchsetzung, Abgrenzung, eigene Zeiteinteilung, Privatsphäre, meinen eigenen Freundeskreis usw. beansprucht. Natürlich habe ich ihm das gleiche zugestanden. Dadurch herrscht bei uns eine völlig andere Atmosphäre, als ich dies von früheren Beziehungen her kannte: viel angenehmer, freier und vor allem ehrlicher. Und wir haben eine Menge Spaß zusammen.

Eigentlich müßte das Fach ›Partner- und Beziehungsfähigkeit‹ schon in der Schule unterrichtet werden. Wenn ich bedenke, daß ich über 40 Jahre alt werden mußte, um zu lernen, worauf es in einer Beziehung ankommt und was man alles zum Gelingen beitragen muß...

Eines jedoch weiß ich sicher: Zurück in diese dumpfe Unbewußtheit, während der ich meinem Schicksal völlig ausgeliefert war, möchte ich nie wieder!«

Affirmationen zur Umpolung des Gewissens:

Ich gehöre nur mir allein

Mein Körper gehört mir allein

Mein Geist gehört mir allein

Mein Leben gehört mir allein

Ich allein bin der Gestalter meines Schicksals

Ich kann meine Freizeit gestalten, wie ich will

Ich darf mit meinem Körper, meiner Seele und meinem Geist alles tun, was ich will, solange ich niemandem Schaden zufüge

Ich darf über meine Zeit frei verfügen

Meine Lebenszeit gehört mir allein

Mein Partner gehört nicht mir, sondern er gehört *zu* mir

Ich habe ein Recht auf Wohlleben

Ich habe ein Recht auf Glück

Ich respektiere mich selbst ebenso wie meinen Partner

Verbringe die schönste Zeit deines Lebens nicht damit, auf die schönste Zeit deines Lebens zu warten.

Die eigenen Gefühle umpolen

Nachdem anstelle des alten Gewissens ein neues getreten ist, ist es leichter, auch die eigenen Gefühle umzupolen. Wie wir im Kapitel *Wie Gefühle die Partneranziehung beeinflussen* gesehen haben, ähneln die Gefühlsraster, die sich in frühester Kindheit entwickeln, einer Schallplatte mit Sprung, bei der immer wieder dasselbe Melodiefragment gespielt wird.

Solche Gefühlsprogramme machen nicht nur krank und ziehen Partner an, die scheinbar nicht passen, sondern beeinträchtigen die Grundstimmungslage des eigenen Lebens.

Doch damit noch nicht genug! Das permanente Produzieren dieser Ersatzgefühle stellt eine enorme Energieverschwendung dar! Man erschöpft sich dabei, ohne seinen Akku wieder laden zu können, der Partner wird damit belastet und reagiert seinerseits wiederum mit seinen Ersatzgefühlen – ein Kreislauf ohne Ende. Und so kommt es, daß damit auch die Beziehung als solche gefährdet ist.

Insofern kann die Devise der Psycho- und Alternativbewegung, stets seine Gefühle zu zeigen, unseres Erachtens nicht unreflektiert übernommen werden: denn wie wir anhand der Übersicht auf Seite 86/87 sehen, muß zwischen irrealen und realen Gefühlen unterschieden werden.

Ferner resultieren alle irrealen Gefühle aus Anlagendefiziten. Insofern können sie endlos lange ausagiert werden, ohne daß man jemals für sich, für den Partner oder für die Menschheit irgend etwas Konstruktives erreicht.

Auf keinen Fall aber sollte man nun den Umkehrschluß ziehen und für die Unterdrückung dieser reaktiven Gefühle plädieren, denn dies wäre ein Zurückfallen in eine frühere Entwicklungsstufe.

Es geht vielmehr darum, diese reaktiven Gefühle zunächst zuzulassen und zu erkennen, daß sie – ähnlich einem Kontrollämpchen im Kfz – signalisieren, daß etwas fehlt. Sie stellen eine Aufforderung dar, das Defizit aufzufüllen, d. h. die entsprechende Anlage oder Fähigkeit auszubilden.

Ähnlich wie jede Krankheit in ihrer Symbolsprache dechiffriert werden muß, so muß auch die Symbolsprache unserer irrealen Gefühle entziffert werden.

Wer weiß, wofür diese Gefühle ersatzweise stehen, wofür sie als Gleichnis fungieren (vgl. Seite 86/87), hat die Möglichkeit, Herr seiner Gefühle zu werden und sein Leben entscheidend zu verändern.

Er kann den Energieräubern *Ersatzgefühle* Paroli bieten und sagen: »Stop! Das ist mein altes Gefühlsraster, das mir bisher nur Mißerfolg und Leid eingebracht hat! Ich lebe jetzt diese Energien anders aus!«

Was könnte man stattdessen tun? Wie könnte man denn seine Energien anders investieren, so einsetzen, daß man sich selbst beglückt und andere erfreut?

Wie ist es möglich, zu den realen Gefühlen zu kommen, die den körperlichen, seelischen und geistigen Organismus stärken und widerstandsfähig gegenüber Krankheiten und falscher Partnerwahl machen?

Man kann seine Gefühle umpolen und statt Ärger und Aggression Initiative und Wagemut an den Tag legen, aktiv werden, Sport treiben, sich wirklichkeitsadäquat durchsetzen.

Statt Gefühlen des Neides kann man wirtschaftliche Fähigkeiten entwickeln, sich mit der Börse beschäftigen, auf die Bankakademie gehen, Geldseminare besuchen, das Leben mehr genießen.

Statt sich beengt zu fühlen, kann man sich einen eigenen (freien) Aktionsradius ausbedingen, rhetorische Fähigkeiten entwickeln, um sich freier darstellen und schwierige Situationen besser meistern zu können.

Statt Depressionen kann man eine seelische Eigenart ausbilden und sich von Fremdbestimmung befreien, mehr Mut zur eigenen Identität entwickeln und dabei alte Normen und Ideale in Frage stellen.

Statt an Haßgefühlen kann man sich an der Liebe und der Sexualität erfreuen, unternehmerische Fähigkeiten entwickeln, ein eigenes Geschäft oder eine eigene Firma aufbauen, selbständig werden, Managementfähigkeiten ausbilden und seine Kreativität zutage fördern.

Statt Frustration und Nörgelei kann man Selbstanalyse betreiben, um zu erkennen, wo man im eigenen Leben etwas verändern kann.

Statt Gefühlen der Unstimmigkeit und Disharmonie Raum zu geben, kann man Inhalt und Form in Einklang bringen, sich selbst ausgleichen, d. h. zur Harmonie bringen, es sich selbst schön und bequem machen.

Statt Ohnmachtsgefühle kann man ein eigenes Konzept entwickeln, eigene Vorstellungen und Pläne realisieren, den eigenen Weg gehen.

Statt Gefühle der Sinnlosigkeit zu ertragen, kann man sich weiterbilden, Bücher lesen, Vorträge und Seminare besuchen, den eigenen Sinn finden.

Statt Schuldgefühle zu haben, kann man die bisherigen Normen und Ideale auflösen und einen eigenen Gesetzeskodex entwerfen, sich seiner Lebens- und Menschenrechte bewußt werden, die Fähigkeit, sein eigener Richter zu sein, entwickeln.

Statt Nervosität kann man die Fähigkeit entwickeln, sich unabhängig zu machen und sich zu befreien, kann man herausfinden, wie man verschiedene Belastungen schrittweise nach und nach abbauen und für mehr Freizeit und Entspannung sorgen kann.

Statt Angstgefühle kann man die Fähigkeit entwickeln, Hintergründe aufzudecken, die eigene Phantasie entfalten sowie Alternativen suchen, die sich jenseits der Normen und Ideale der patriarchalen Kultur befinden.

Wer so seine reaktiven Gefühle umgepolt hat, stößt endlich zu seinen wahren Gefühlen vor, die wir in der Tabelle auf Seite 86/87 vorfinden: zu den Gefühlen von Kraft und Vitalität, von Eigenwert und Sicherheit, von Intelligenz, Identität, Geborgenheit und Selbstbewußtsein, zu dem Gefühl, seelisch gereinigt zu sein, zu seinem Schönheitstypus stehen zu können, zum Gefühl von Ausgeglichenheit, von Harmonie und Zufriedenheit, selbst über sich Macht zu haben, einen Sinn in dieser Welt zu haben, zu einem realen Rechts- und Verantwortungsgefühl, zu den Gefühlen von Freiheit und Unabhängigkeit, zu einem Ganzheitsgefühl und zu einem Gefühl, Vertrauen in die Gesetze des Lebens entwickeln zu können.

Wem es gelingt, auch nur ein einziges altes Gefühlsraster zu verändern, zieht bereits eine völlig andere Partnerkonstellation an – entweder es taucht ein neuer Partner auf, bei dem eine angenehmere Stimmung vorherrscht, oder die Lebensqualität innerhalb einer bestehenden Beziehung wird entscheidend verbessert.

Wie man seine Partneranziehung verbessert

Inhalt und Form in Einklang bringen

Das Gesetz von Inhalt und Form besagt, daß eigene Inhalte immer auch in eine entsprechende Form gebracht werden müssen.

Andere Menschen können oft unsere seelischen und geistigen Inhalte nicht erkennen, solange wir nicht in den uns gemäßen Formen leben. Wer es nicht schafft, den eigenen Inhalten Form zu verleihen, lebt in einer Diskrepanz zwischen Inhalt und Form.

Kaum jemand wird von sich behaupten können, immer und überall den eigenen Inhalten Form verliehen zu haben oder auf allen Lebensgebieten die für ihn richtige Form gefunden zu haben.

Dennoch ist es insbesondere für die Partneranziehung von großer Wichtigkeit, in welchen Formen wir leben.

Nicht nur, weil eine Diskrepanz zwischen Inhalt und Form Unzufriedenheit erzeugt und durch diese Gefühlslage die Partneranziehung ungünstig beeinflußt wird, sondern auch, weil unsere Mitmenschen auf die jeweilige Form körperlich, seelisch und geistig reagieren.

Wer etwa entgegen seiner inneren Einstellung in anderen Formen lebt, wird von den anderen entsprechend der vorhandenen Formen eingeschätzt und beurteilt und meist nicht nach dem, was er wirklich fühlt und denkt. Er lädt die Mitmenschen zu falschen Projektionen ein. Wenn jemand zum Beispiel seelisch und geistig progressiv eingestellt ist, aber in einer Wohnung lebt, deren Einrichtung aus alten ererbten Möbelstücken besteht und dies aus Bequemlichkeit nicht ändert, braucht sich nicht zu wundern, wenn seine Partneranziehung nicht stimmt.

Deshalb ist es überaus wichtig, nachdem man seine eigene Identität erkannt hat, den eigenen Inhalten Stück für Stück in der Außenwelt Form zu verleihen, beispielsweise in der Kleidung, im Arbeitsleben und im Lebensstil. Es geht darum, authentischer zu werden, immer mehr das zu leben, wozu man geschaffen ist, was einem Freude bereitet und Glück bringt.

Wer sich an das Gesetz von Inhalt und Form halten will, darf sich nicht mehr nach den anderen richten oder sich eine Norm oder irgendein Ideal zum Maßstab nehmen, sondern muß Farbe bekennen, das heißt, er muß zeigen, wer er ist, wie er eingestellt ist, was er bevorzugt, welchen Geschmack er hat und anderes. Durch ein solches Verhalten taucht man aus der Anonymität der Masse auf, man eckt an, ist Kritik, Tadel und Mißfallenskundgebungen, aber auch Lob und Beifall ausgesetzt. Man erkennt auf einmal, daß Menschen, die man für seine Freunde gehalten hat, zu Feinden werden und umgekehrt. Hat man vorher weder Freunde noch Feinde gehabt, hat man plötzlich beides.

Man hat sich profiliert und wird jetzt erst richtig wahrgenommen und definiert.

Und jetzt kann man auch endlich die Freunde und Lebenspartner kennenlernen, die tatsächlich zu einem passen.

Vorher hat man nur Partner angezogen, die der eigenen Diskrepanz zwischen Inhalt und Form gemäß waren.

Weil man selbst – aus welchen Gründen auch immer – in falschen Formen lebte, stellten die »falschen« Partner die schicksalsmäßig richtige Entsprechung dar.

Vorher

normgemäße Wohnungseinrichtung

Bevorzugung von Fast food aus Zeitmangel

enge Mietwohnung im 12. Stock eines Hochhauses

wenig anerkannte Wohngegend

Mitglied eines Sportklubs

altes, klappriges Auto

Kleidung ohne Pepp und Pfiff

Arbeitsplatz: Warenhaus

Helga, seine unzufriedene Partnerin, die ihn ständig kritisierte

biederer Haarschnitt

wenig erfolgreiche Freunde

Visitenkarte des Hauses, bei dem er beschäftigt war

geringes Monatseinkommen

Fallstudie:
Raimund O. (46) arbeitete seit zwanzig Jahren als Verkäufer in einem großen Warenhaus. Da seine Anlagen und Fähigkeiten völlig anders gelagert waren, hatte er oft das Gefühl, sich selbst zu verleugnen. Auch in seiner Partnerschaft fand Raimund nur wenig Befriedigung und Glück. Raimund hatte jedoch in seiner Freizeit ein Lebensgebiet gefunden, das ihn besonders faszinierte und das ihm die Hoffnung gab, sich eines Tages aus der Tretmühle des bisherigen Arbeits-

Nachher

Einfamilienhaus
in schöner Gegend

Wohnungseinrichtung
nach dem eigenen Geschmack,
mit vielen Gegenständen, die
ihm persönlich etwas bedeuten

stilvolle Kleidung

neuer Mittelklasse-
wagen

Brigitte, die ihm eine
liebevolle und zärtliche
Partnerin ist

Arbeitsplätze: Seminar-
räume in erstklassigen
Hotels; ruhiges
behagliches Dachstudio

Haushaltshilfe zur
Alltagsbewältigung

Visitenkarte als
Erfolgstrainer

neue, erfolgreiche Freunde;
alte wurden erfolgreicher

platzes befreien zu können. Das Thema, mit dem er sich Tag und Nacht beschäftigte, war Erfolg. Er legte sich eine umfangreiche Privatbibliothek über dieses Thema zu, besuchte einschlägige Kurse und Seminare, dachte ständig darüber nach, schrieb seine Ideen und Gedanken dazu in ein Heft und schrieb schließlich ein Buch, in dem er ein neues Konzept für Erfolgs- und Zeitplanung vorstellte. Nach dessen Veröffentlichung begann er eine lukrative Karriere als Erfolgstrainer und konnte seinen ungeliebten Verkäuferkittel endlich an den Nagel hängen. Seine Bezugspunkte in der Außenwelt hatten sich völlig verändert:

Da Raimund nach seinem beruflichen Richtungswechsel in ganz anderen Rahmenbedingungen lebte, veränderte sich auch seine Partnerbeziehung. Zu den neugeschaffenen Formen paßte ein völlig anderer Typus von Frau.

Wer in seinem Garten einen Frosch anziehen möchte, muß vorher die Lebensbedingungen schaffen, unter denen sich Frösche wohl fühlen. Er muß ein Biotop für Frösche schaffen, also einen Teich anlegen, für Wasserpflanzen wie zum Beispiel Seerosen sorgen und vielleicht noch Schilf und Moos anpflanzen.

Ebenso verhält es sich bei der Partneranziehung, wobei der jeweilige »Frosch«, der sich in einen Prinzen oder in eine Prinzessin verwandeln soll, durch bestimmte Rahmenbedingungen »angelockt« wird.

Im Fall von Raimund war Helga während seiner Verkäufertätigkeit die Widerspiegelung seiner frustrierten Seele in der Außenwelt. Sie zeigte ihm außen, wie es innen bei ihm aussah.

Als Raimunds Traum, anders zu leben, Wirklichkeit wurde, paßte sie mit ihrer Gefühlslage nicht mehr zu dessen nun optimistischem und großzügigem Lebensstil. Da sie sich schon zu sehr an diese gewöhnt hatte und nicht bereit war, neue aufregende Gefühle zu erleben, kam es bald zu einer gütlichen Trennung. Helga fand schon zwei

Wochen später einen Partner, der ähnlich strukturiert war wie Raimund vor seinem Berufswechsel und dem sie unbewußt als Spiegel für dessen triste Situation dienen konnte. Raimund dagegen lernte einige Zeit später Brigitte kennen, mit der er sich von Anfang an glänzend verstand, so daß sich zwischen den beiden eine harmonische Liebesbeziehung entwickelte.

Nicht immer müssen so gravierende Veränderungen wie bei Raimund im Leben eines Menschen vorgenommen werden, um Glück und Erfüllung zu finden. Um das Unbewußte zu einer neuen Partneranziehung zu bewegen, genügt es oft schon, eine, zwei oder drei Größen des eigenen Persönlichkeitssystems zu verändern.

Gernot (37) nahm sich lediglich vor, mehr Sport zu treiben und ging daraufhin statt wie bisher einmal im Monat zweimal die Woche zum Tennisspielen, wo er dann Ingeborg (31) kennenlernte, die sich für ihn als Glücksfall erwies. Claudia (28) veränderte nur ihre Frisur und trennte sich von ihrer Freundin, die einen ungünstigen Einfluß auf sie ausübte, und begegnete sodann Peter (29), mit dem sie bereits drei Wochen später einen Liebesurlaub in Spanien verbrachte.

Es gibt noch einen Faktor, der eine genauso wichtige Rolle bei der Partnerbeziehung spielt wie die Rahmenbedingungen, die man abgesteckt hat, nämlich einen Platz für den zukünftigen Partner schaffen, und zwar sowohl im eigenen Persönlichkeitssystem wie auch räumlich. Davon ist im nächsten Kapitel die Rede.

Besinnungsfragen zum Gesetz von Inhalt und Form

Wie sehen meine Bezüge in der Außenwelt aus?

Lebe ich in der für mich richtigen Wohngegend?

Entspricht der Grundriß meiner Wohnung meinen Bedürfnissen?

Ist meine Wohnungseinrichtung beziehungsweise jeder Gegenstand in meiner Wohnung eine äußere Widerspiegelung meiner wahren Identität?

Entspricht mein Garten meinen Vorstellungen?

Gelingt es mir, mit meiner Kleidung meinen Inhalten Form zu verleihen?

Ist Farbe und Form meines Autos meinem Geschmack gemäß?

Waren die Partnerschaftsformen, in denen ich bisher gelebt habe, meiner wirklichen Identität gemäß?

Besteht die Möglichkeit, meinem Arbeitsplatz oder meinem Büro eine persönliche Note zu verleihen?

Entsprechen die beruflichen Rahmenbedingungen, wie Art der Arbeit, Arbeitszeit, Lohn oder Gehalt, meinen Anlagen, Wünschen und Bedürfnissen?

Möchte ich in Zukunft so weiterleben wie bisher, oder habe ich in dieser Hinsicht völlig andere Vorstellungen?

Für den Partner einen Platz schaffen

Ralf (13) kam ständig frühmorgens ins Schlafzimmer seiner Mutter zum Kuscheln.
Ferner sollte sie ihm den Rücken massieren, weil er dies so sehr liebte.
Solange Elfriede (42), seine Mutter, ihm diesen Gefallen erwies, lernte sie trotz vieler Versuche keinen geeigneten Partner kennen. Denn die Energie, die eigentlich ihrem Partner zugedacht gewesen wäre, war ja bereits gebunden.
Erst als sie auf Anraten einer Freundin hin ihr Schlafzimmer regelmäßig abzuschließen begann und so ihren Sohn von ihrer Zärtlichkeit entwöhnte (um ihn auch besser auf die Pubertät vorzubereiten), erschien Stefan (52), ein gutaussehender Architekt, auf der Bühne ihres Lebens. Es wurde ein Platz in ihrem Persönlichkeitssystem frei. Anstelle ihres Sohnes kam nun ein erwachsener Mann zum Kuscheln in ihr Bett.

Viele Singles träumen von einem Partner, der zu ihnen paßt und mit dem sie sich gut verstehen, haben aber in Wirklichkeit in ihrem Persönlichkeitssystem gar keinen Platz für ihn frei.
Dies wird oft auf sehr direkte Weise deutlich, wenn die Betreffenden beim Besuch potentieller Partner nicht einmal einen Kleiderbügel für dessen Mantel oder Jacke frei haben, weil die Garderobe voll mit eigenen Kleidungsstücken besetzt ist.
Will der Partner duschen, liegt kein Handtuch für ihn bereit, und im Schlafzimmer weiß er nicht, wohin er seine Kleider legen soll, weil kein Hocker oder Stuhl hierfür frei ist.

Mag es auch zunächst nur symbolischen Charakter haben, so ist es dennoch sehr wichtig, für den Partner einen Platz in der eigenen Wohnung freizuhalten.

Empfehlung: Teilen Sie Ihrem Partner in Ihrer Wohnung einen Platz zu.
Freuen Sie sich darauf, daß er kommen kann, wenn Sie den freien Kleiderhaken, das frische Badetuch und den freien Stuhl in Ihrem Schlafzimmer sehen.

Schwieriger wird die Situation allerdings, wenn der Platz im eigenen Persönlichkeitssystem, der eigentlich für einen Partner vorgesehen wäre, von Vater oder Mutter, vom verflossenen oder verstorbenen Partner, von einem Freund bzw. einer Freundin oder einem Haustier besetzt wird. Das Unbewußte ist hier der Meinung: »Wir haben ja schon einen Partner, also brauchen wir den Anziehungsmechanismus nicht in Gang zu setzen.«
In solchen Fällen sind häufig erst entscheidende seelische

Ablösungsprozesse zu absolvieren, ehe ein neuer Partner im eigenen Lebensfilm auftauchen kann.

Dann gibt es Menschen, die ihr Leben so eingerichtet haben, daß für einen Partner gar keine Zeit mehr zur Verfügung stehen würde, etwa, weil sie unbewußt eine Arbeit gewählt haben, bei der sie erst spätabends vom Büro nach Hause kommen, oder sich so viele Dinge aufgehalst haben, daß sie selbst zeitlich kaum über die Runden kommen.

Auch hier sagt das Unbewußte: »Wenn du selbst mit deinem Leben kaum zurechtkommst, wie willst du denn dann noch Zeit haben, dich einem Partner zu widmen? Außerdem brauchst du doch nach all den Anstrengungen auch noch etwas Zeit für dich, damit du etwas entspannen, dich erholen, wieder Kraft schöpfen kannst für den nächsten Tag.«

Es geht also darum, das Unbewußte mittels bestimmter Maßnahmen zu überzeugen, daß jetzt ein Partner kommen kann. Dies kann hier nur durch eine neue Zeitstrukturierung geschehen, bei der für die Pflege einer Partnerschaft einige Stunden übrigbleiben.

So erwirkte Marga T. einen neuen Partner, indem sie die Telefonzeiten mit ihrer Freundin von täglich zwei Stunden auf eine Stunde reduzierte und den Fernsehapparat, der ihr durchschnittlich täglich zwei Stunden raubte, abmeldete. Jetzt wurde ein Zeitraum frei, der für eine Partnerschaft verwendet werden konnte.

Sollte wider Erwarten ein neuer Partner nicht sofort den freigewordenen Platz wahrnehmen, kann man die nunmehr zur Verfügung stehende Zeit für die eigene Entwicklung nutzen. Endlich hat man mal Zeit, Weiterbildungsveranstaltungen zu besuchen, ein Buch zu lesen oder an einem Diskussionsabend teilzunehmen. Wenn dadurch eigene Anlagen ausgebildet werden, wird man auf alle Fälle für andere Menschen attraktiver und interessanter.

Besinnungsfragen zum Thema Platzschaffen für einen Partner

Habe ich für meinen zukünftigen Partner einen Platz in meiner Wohnung reserviert?

Darf der Partner sich an meiner Seite entfalten oder möchte ich, daß er sich so verhält, wie ich es mir vorstelle?

Stellt jemand in meinem Umfeld eine permanente Belastung für mich dar?

Wie ist es möglich, sich von dieser Person stärker abzugrenzen?

Habe ich mich bereits von meinem früheren Partner seelisch gelöst oder sind noch positive oder negative Gefühle vorhanden, die u. U. eine neue Partnerschaft verhindern?

Auf welche Weise habe ich bisher meine Zeit strukturiert?

Bei acht Stunden Schlaf stehen täglich sechzehn Stunden, in der Woche sieben mal sechzehn, also 112 Stunden Lebenszeit zur Verfügung.

Tragen Sie in der Grafik auf Seite 229 die Stunden ein, die Sie pro Woche für Fernsehen, Telefonieren, Ausgehen, Auto fahren, Arbeit etc. verwenden.

Wo könnten Sie Lebenszeit einsparen und für den Aufbau einer Beziehung verwenden?

Lebenszeit-Sparplan

Man darf das Schiff nicht an einen einzigen Anker und das Leben nicht an eine einzige Hoffnung binden (Epiktet)

Sich eine Zweitbeziehung zulegen

Sich verlieben ist ein Heraufbeschwören des berauschenden Gefühls, in einer Welt geborgen zu sein, in der zwei Wesen zu einem verschmolzen sind und in der es vollkommene Versorgung gibt. Es hat zu tun mit unserer Vorstellung vom Garten Eden, in dem wir gelebt haben, bevor wir erkannten, daß jeder von uns allein ist... Und es hat zu tun mit der Vertreibung aus diesem traumhaften Dasein. Denn wiedererweckte Vorstellungen und Phantasien ziehen unvermeidlich Erinnerungen an Enttäuschungen nach sich und lösen alte Ängste aus: die Angst vor Trennung, die Angst vor Verlust und die schlimmste aller menschlichen Ängste – die Angst vor dem Verlassenwerden.

Diese Angst vor dem Verlassenwerden ist auf die frühe Mutter-Kind-Beziehung zurückzuführen, in der man als Säugling von der Mutter gänzlich abhängig war und in der das Verlassenwerden u. U. mit Existenzverlust und Tod verbunden gewesen wäre.

Da wir in unseren Liebesbeziehungen, wenn sie symbiotischer Natur sind, diese Mutter-Kind-Beziehung auf einer neuen Symbolebene wiederholen, erwarten wir vom Partner dieselbe Verschmelzung, dieselbe Zuwendung, dieselbe Versorgung, wie sie uns damals bei der Mutter zuteil wurde.

Man möchte am liebsten ohne eigenes Zutun, ohne eigene Leistung, ohne eigene Investition von Energien und Fähig-

keiten, daß der Partner – so wie die Mutter damals, nur für einen da ist.

Auf diese Weise sind viele erwachsene Menschen in dieser frühkindlichen Phase steckengeblieben und enttäuscht, wenn ein solch paradiesischer Zustand nicht mehr wiederholbar ist. Sie sind enttäuscht, weil der Partner nicht einfach nur inkarniert wurde, um sie glücklich zu machen, sondern auch selbst eigene Bedürfnisse anmeldet.

Die Erwartungen, die an den Partner gestellt werden, sind oft recht hoch, denn aufgrund der vielen Defizite im eigenen Persönlichkeitssystem ist eine Vielzahl von Vorstellungen entstanden, die alle erfüllt werden wollen.

Es erscheint fast aussichtslos, daß eine Person allein all die Vorstellungen, Wünsche und Träume erfüllen kann, die man als menschliches Wesen heutzutage zu haben pflegt.

Dazu wäre ein Team erforderlich, das rund um die Uhr seine Dienste anbietet.

Team für die Frau

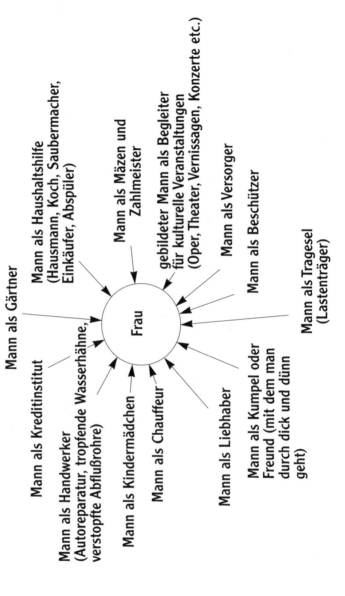

Team für den Mann

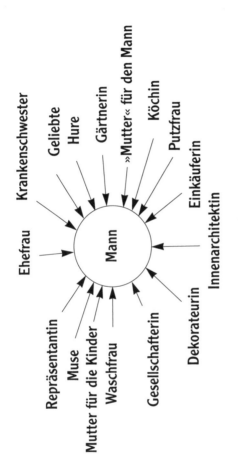

233

Und dennoch ist das bereits ausgeleierte Volksmodell Monogamie die einzige Partnerschaftsform, die allgemein anerkannt ist und die für alle Menschen in der westlichen Hemisphäre gültig sein soll. Davon abzuweichen, gilt als böse oder krank oder bedeutet, dementsprechend kritisiert und angegriffen zu werden.

Auch hier kommt das zum Tragen, was wir an anderer Stelle bereits angeführt haben, daß man nämlich sehr häufig über das schimpft, was man sich selbst wünscht, sich aber wegen Moral und Konvention oder aufgrund von Idealen und Normen nicht zugesteht.

Viele möchten im Grunde anders leben, möchten auch als verheiratete Menschen noch Chancen beim anderen Geschlecht haben, möchten auch mal Abwechslung erleben, aus dem alten Trott ausbrechen, halten es aber schließlich doch aus Angst vor sozialer Ächtung für angebracht, im alten Gleis zu bleiben.

Weil man im eigenen Leben nichts wagen und den langweiligen, aber bequemen und sozial anerkannten Weg gehen will, zieht man es vor, über Nudisten, Seitenspringer und Polygame herzuziehen. Auf diese Weise gelingt es, solche Tendenzen bei sich selbst abzuwehren und weiterhin als rechtschaffen und gut zu gelten, im Gegensatz zu den »unmoralischen und wüsten Gestalten«, die die freiheitliche Grundordnung gefährden.

Wichtig wäre jedoch in diesem Zusammenhang, daß gerade – wie beim Arbeitsplatz und der Religion – sich auch in der Partnerschaftsform ein Recht auf freie Wahl etabliert. Jeder soll so leben dürfen, wie er will – solange er andere Menschen dabei nicht beeinträchtigt.

Das hieße in letzter Konsequenz, daß man den polygam Lebenden genauso akzeptiert wie den Monogamisten.

Wenn jemand sich zusätzlich zu seiner Stadtwohnung einen Zweitwohnsitz auf dem Lande zulegt, kann das jeder verstehen. Es leuchtet ein, daß jeder Wohnsitz andere

Bedürfnisse abdeckt. In der Stadtwohnung ist man nahe am Arbeitsplatz, hat man bessere Einkaufsmöglichkeiten, kann man Freunde besuchen oder am kulturellen Leben teilnehmen, während man auf dem Landsitz die Ruhe und die würzige Luft genießen, die Natur erleben, sich am blühenden Garten erfreuen, kurzum sich besser erholen kann.

Wenn es jedoch um eine Zweitbeziehung geht, herrscht betretenes Schweigen.

Einstweilen gelten hier dieselben Kriterien: das, was der eine Partner nicht geben kann, erhält man vom anderen und umgekehrt. Jedenfalls ist die Chance, seine Bedürfnisse gestillt zu bekommen, durch einen zweiten Partner ungemein höher.

Spätestens hier ist mit einem Aufschrei zu rechnen: »Das ist egoistisch! Das ist charakterlich nicht einwandfrei! Es geht nicht, daß man überall nur die Rosinen rauspickt!«

Die Devise im (derzeit herrschenden) Partriarchat lautet: »Du mußt dich entscheiden – entweder dieser oder jener Partner! Beziehungen zu zwei Partnern gleichzeitig zu unterhalten ist verboten! Das gilt als linke Tour – und erscheint zudem gegenüber beiden Partnern als unfair!«

Das Gesetz des Lebens sagt jedoch: »Warum sollst du die bisherige Beziehung beenden, nur weil ein neuer Partner auf der Bildfläche deines Lebens erschienen ist? Beende nicht etwas, was du dir in langen Monaten und Jahren aufgebaut hast! Aber verzichte auch nicht auf die Chance, durch den anderen Partner neue Seiten deines Selbst anklingen zu lassen!

Eine Beziehung ist etwas Lebendiges und darf nicht einfach weggeworfen oder im Neuanfang erstickt werden!

Bedenke auch, daß nach anfänglicher Euphorie beim Kennenlernen des neuen Partners auch hier bald der Alltag eintritt, und dann weißt du die Qualitäten des bisherigen Partners wieder mehr zu schätzen!«

Nach den Gesetzen des Lebens ist es nicht nur ungünstig,

sondern sogar krankmachend, Bedürfnisse, die in der bestehenden Beziehung nicht gestillt werden können, zu verdrängen.

Das Lebensgesetz lautet hier: Du hast das Recht und die Pflicht, auch für die Bedürfnisse und Persönlichkeitsanteile Sorge zu tragen, die in der Beziehung nicht angesprochen werden! Es ist zu wenig, wenn nur ein Teil deines Wesens leben darf! Du mußt darauf achten, daß die Ganzheit deiner Identität verwirklicht werden kann!

Doch es ist gar nicht so einfach, eine Zweitbeziehung zu unterhalten, denn man muß dazu auch fähig sein. Solange man noch zu wenig in sich gefestigt ist und an Eigenwertproblemen leidet, solange man noch zu neurotischen Spielchen neigt, wie etwa den einen Partner gegen den anderen auszuspielen, sich dem bisherigen Partner sexuell zu verweigern, oder gar Theaterauftritte zu inszenieren, indem man mit glasigem Blick ins Leere starrt und nur noch wie in Trance vom anderen spricht, solange sollte man lieber eine monogame Beziehung vorziehen.

Ansonsten bringt eine Zweitbeziehung viele Vorteile mit sich:

1. Entlastung von Erwartungen
   Keine Überforderung des bisherigen Partners mehr. Er ist nicht mehr für das Stillen von sämtlichen Bedürfnissen zuständig. Er wird ganz entscheidend entlastet.

2. Befreiung von Machtverhältnissen
   Keine totale emotionale Auslieferung an den einzigen Partner mehr. Sämtliche Machtspiele lassen nach.

3. Schicksalsprophylaxe
   Da der Partner nicht mehr Träger sämtlicher Projektionen ist, ist eine Trennung oder Scheidung von ihm

weniger traumatisch. Es ist nicht mehr damit zu rechnen, daß durch den Wegfall der Projektionsfläche die Energien auf den eigenen Leib verschoben werden und dann als Krankheit oder gar als Tod nach der Trennung oder Scheidung von der geliebten Person erlebt werden müssen.

4. Erweiterung des eigenen Horizonts
Während eine monogame Beziehung die Gefahr beinhaltet, geistig zu verarmen oder in eine Art von seelisch-geistigem Inzest zu schlittern, kann eine zusätzliche Beziehung dagegen eine Bereicherung darstellen. Man erhält mehr Informationen und Anregungen.
Der andere Partner löst auch andere Reaktionen bei einem selbst aus. Man erlebt sich anders, erfährt eine andere Stimmungslage, entwickelt andere Gefühle und andere Gedanken. Man bleibt seelisch und geistig reger.

5. Abwechslung
Man möchte nicht immer im selben Trott leben, möchte auch mal Abwechslung haben. Genauso wie man nicht immer nur mit ein und demselben Menschen Tennis spielen will, so möchte man auch mal einen anderen Gesprächs- oder Sexualpartner erleben.

6. Relativierung
Genauso wie es als Kind wichtig gewesen wäre, außer der Mutter auch noch ein paar andere feste Bezugspersonen zu haben, um nicht die Welt der Mutter als die Welt schlechthin zu sehen, so ist auch eine Relativierung der psychischen Struktur des Partners erforderlich. Sonst besteht die Gefahr, Schein und Wirklichkeit nicht mehr unterscheiden zu können, oder es

bildet sich nur ein Reaktionsmuster auf das Agieren des Partners aus und man verwechselt dieses dann mit der eigenen Identität. Man könnte glauben, weil man jahrelang auf den Partner so reagiert hat, wäre man so und nicht anders. In einem solchen Fall würde man sich im Laufe der Zeit immer weiter vom eigenen Selbst entfernen.

7. Klarheit
Durch die Zweitbeziehung besteht mehr Abstand. Man kann klarer erkennen, was man selbst und was der betreffende Partner geben kann und was nicht.
Es hört endlich der Kampf darum auf, vom anderen etwas zu bekommen, was jener nicht in die Beziehung einbringen kann oder will.
Man kann die Begrenzung von dem, was in der Partnerschaft möglich ist, besser annehmen und akzeptieren.

8. Ganzheit
Über einen zweiten Partner ist es eher möglich, die eigene Persönlichkeit zu vervollständigen.
Endlich kommen auch verschüttete Teile des eigenen Selbst wieder ans Licht und können gelebt werden.
Man muß keine körperlichen und seelischen Schmerzen mehr erleiden, nur weil der Partner Teile der eigenen Persönlichkeit unbeantwortet ließ.

9. Ausgeglichenheit
Durch die Möglichkeit, sich mehr als Ganzheit zu empfinden und das eigene psychische Ökosystem im Gleichgewicht zu halten, ist es möglich, ausgeglichen und in guter Stimmungslage wieder in die andere Beziehung zurückzukehren. Es besteht kein Drang mehr zu Nörgelei und Maßregelung. Der Partner profitiert davon, daß es einem gutgeht.

10. Vorsorge für ein erfülltes Alter
    Durch die Zweitbeziehung besteht eine größere Chance, im Alter nicht allein sein zu müssen.

11. Mehr artspezifische Liebe
    Da aufgrund von Moral und Konvention ein zweiter Partner nicht zugelassen wird, versucht das Unbewußte, über Umwege diesen Wunsch dennoch zu erfüllen. Indem man sich einen Hund oder eine Katze zulegt, hält man sich auf legale Weise einen Ergänzungspartner. Doch Katzen gehören zu Katzen, Hunde zu Hunden und Menschen zu Menschen.
    Viele Menschen wären froh und glücklich, wenn sie die Fülle von Zärtlichkeit, die Haustieren zuteil wird, bekommen würden.
    Durch die Zweitbeziehung besteht weniger die Tendenz, sich ein Haustier zuzulegen, und die Liebe bleibt im Menschenreich.

12. Reduzierung der Besitzansprüche
    Durch die Zweitbeziehung wird deutlich, daß man keinen Menschen besitzen kann. Der Drang, den anderen zu überwachen, zu kontrollieren und über ihn bestimmen zu wollen, läßt nach.

13. Vermehrung der Liebe in der Welt
    Die Energien, die in der bestehenden Beziehung nicht zum Tragen kommen, werden nicht mehr verdrängt, sondern kommen einem anderen Menschen zugute. Der andere Partner braucht vielleicht die Energien dringend, die man zuvor zurückhalten mußte. Durch den Austausch dieser Energien ist es möglich, sich gegenseitig Kraft und Freude zu schenken. Die bisher brachliegenden Energien befinden sich endlich wieder in einem Kreislauf und können Kettenreaktionen an Glück auslösen.

14. Reduzierung von Angst
Die Angst, verlassen zu werden, reduziert sich auf ein erträgliches Maß oder verschwindet ganz. Aufgrund dessen wiederum besteht weniger die Gefahr, sich zugunsten des Partners oder der Beziehung zu verleugnen und Rollenspiele zu absolvieren. Es kann mehr das Wesentliche einer Beziehung gelebt und erlebt werden.

Bezüglich der Zweitbeziehung müssen jedoch einige Grundvoraussetzungen beachtet werden:
Um einen solchen Lebensstil pflegen zu können, ist es nötig, daß man sein Über-Ich von *Moral und Konvention* auf *Leben und Entfaltung* umgepolt hat, daß man dem Partner ebenso das Recht auf eine Zweitbeziehung einräumt, daß man sich als selbständige, unabhängige und selbstverantwortliche Persönlichkeit entwickelt hat und ferner, daß man selbst oder zumindest einer der beiden Partner über eine eigene abgeschlossene Wohnung verfügt.
Nur so ist gewährleistet, daß man bei sich selbst bleibt, d. h. man muß Zeit für sich selbst einplanen, darf die Beziehung zu sich selbst nicht vernachlässigen, damit man sich nicht in den beiden Beziehungen verliert.
Wer beruflich stark angespannt ist und nur über wenig Zeit verfügt, kann sicher keine zwei Beziehungen gleichzeitig pflegen.
Ferner ist zu beachten, daß manche Menschen auch in ihrer Zweitbeziehung denselben Partnertyp lieben, den sie ohnehin schon zu Hause haben. Wenn eine Frau etwa erneut einen dominanten und aggressiven Mann anzieht, wäre es günstiger, den eigenen Partneranziehungsmechanismus zu überprüfen und sich lieber in Psychotherapie zu begeben, als doppelten Terror zu erleben.

Auch zwei vereinnahmende, abhängige Partner wirken sich ungünstig aus.

Kurzum, die zwei Partner sollten sich gegenseitig ergänzen und nicht dieselbe Problematik nur unter einem anderen Namen liefern.

So kann es sein, daß einige potentielle Partner nicht in das eigene Persönlichkeitssystem passen. Auch bei einer Zweitbeziehung gilt: wähle sorgfältig und mit Bedacht!

Und noch etwas ist zu beachten: daß eine Zweitbeziehung nicht zweite Wahl sein, sondern gleichberechtigt neben der anderen Partnerschaft bestehen sollte.

Einige ganz Forsche werden nun fragen: Warum nur eine Zweitbeziehung und nicht gleich mehrere Beziehungen gleichzeitig?

Bei einem erwachsenen Menschen gilt dasselbe wie bei einem Kleinkind:

Die Zahl der Bezugspersonen muß begrenzt und noch überschaubar sein, sonst würde einer seelischen Zersplitterung Vorschub geleistet werden und es könnte keine echte zwischenmenschliche Beziehung aufgebaut werden. Es kommt also auf die Dosierung an! Das persönlich richtige Maß muß jeder für sich selbst finden!

Außerdem besteht ohnehin ein natürliches Regulativ: Kaum jemand hat – selbst wenn er nur halbtags beschäftigt ist – so viel Zeit, um all die vielen Kontakte zu pflegen. Und noch ein Punkt muß in diesem Zusammenhang erwähnt werden. Bei mehreren Beziehungen ist die Versuchung groß, aufgrund von eigenen Defiziten und Unfähigkeiten dauerhafte Beziehungen zu meiden. Eine Weiterentwicklung der Persönlichkeit wird dadurch oft verhindert.

Sein eigener Partner werden

Daß jemand sein eigener Manager, Chef, Arzt oder Seelsorger werden will, kann man ohne weiteres verstehen, aber wenn jemand zum Ausdruck bringt, daß er sein eigener Partner werden möchte, verursacht dies doch meist große Verwunderung und auch Zweifel, ob so etwas überhaupt möglich ist.

Soll man sich etwa selber streicheln oder liebkosen, selber umarmen und küssen oder gar sich selbst sagen, daß man sich liebhat?

Soll man sich denn ständig selbst befriedigen? Mitnichten! Onanie ist zwar nicht – wie früher angenommen – gesundheitsschädlich, aber sie wirkt sich psychoenergetisch gesehen ungünstig aus.

Wenn Millionen Singles in ihren Betten onanieren, weil sie alle auf ihren Idealpartner warten, so ist das sicher nicht sozial, denn es findet kein Energieaustausch statt.

Man bereitet so durch die eigene Lust keinem anderen Menschen Freude. Und man wird auch nicht durch die Lust eines anderen in seiner eigenen Lust verstärkt. Wenn Liebe zurückgehalten wird, wird dadurch auch der potentielle Partner zur Onanie gezwungen.

Insofern bedeutet also *sein eigener Partner werden* etwas ganz anderes:
Sein eigener Partner werden bedeutet, die Realisation von eigenen Vorstellungen und Wünschen nicht mehr vom Partner zu erwarten, sondern selbst aktiv anzugehen.

Auf diese Weise ist es möglich, so unabhängig zu werden, daß man im Grunde genommen gar keinen Partner mehr braucht – jedenfalls nicht mehr zum Zusammenwohnen und -leben, nicht mehr zur gemeinsamen Bewältigung des Alltags und schon gar nicht mehr, damit man nicht alleine ist. Man ist fähig, sein eigenes Leben interessant und freudvoll zu gestalten. Sollte ein Partner noch zu all dem hinzutreten, so fungiert er lediglich als Glücks*verstärker.*

Aus der Sicht der Kollektivneurose erscheint jedoch derjenige, der auf dem Weg ist, sein eigener Partner zu werden, als Egoist. Dabei werden jedoch die Tatsachen verdreht. Wenn man schon mit solchen Etikettierungen arbeitet, dann ist doch wohl eher der ein Egoist, der vom anderen erwartet, daß dieser nach seiner Pfeife tanzt, der von seinem Partner die Erfüllung der Norm oder eines Ideals verlangt, der den Partner mit Projektionen und Erwartungshaltungen fremdbesetzt. Um von seinen eigenen verdeckten Ego-Ansprüchen abzulenken, kehrt der Betreffende alles um und unterstellt dem anderen Egoismus.

Da es als ganz normal gilt, Projektionen und Erwartungshaltungen zu hegen, wird der echte Egoist auch noch von allen Seiten in seiner Meinung bestätigt.

Kaum jemand wagt es – noch dazu, wenn man mit dem Partner emotional verflochten ist –, die Norm zu hinterfragen und ihren manipulativen Charakter zu entlarven.

Über die Norm gelingt es, den Partner zur gemeinsamen Bewältigung des Alltags zu gewinnen, ihn zu Rollenritualen zu verpflichten, ihm seine Zeit zu stehlen. Durch diese Art von Egoismus, die im Mantel der Güte und des Edeltums erscheint, kann man den Partner seiner Individualität berauben: wehrt er sich dagegen, überführt man ihn des Egoismus.

In Wirklichkeit ist der als Egoist Verschriene der wahrhaft Soziale, denn wer, statt den Partner ständig mit Erwartungshaltungen, Forderungen, Vorstellungen und Wünschen zu belasten, all dies selbst zu realisieren versucht, ist fair gegenüber dem Partner, läßt den Partner als eigenständiges Wesen gelten, so daß auch dieser sich als Individuum entfalten kann.

Nun kommt jedoch eine neue Schwierigkeit hinzu: da derjenige, der sich selbst zu realisieren versucht, seinen Partner nur noch für Zärtlichkeit und Sexualität braucht, scheint er einem Rabauken gleichzukommen, der im Hau-Ruck-Verfahren nur »das eine« will.

Doch ist es wirklich anständiger und moralischer, wenn man – wie es üblich ist – statt nur »das eine« zu wollen, den Partner zur Versorgung, zur Verbesserung der Einkommensverhältnisse, zur existentiellen Sicherheit, zur Steigerung des eigenen Sozialprestiges oder zum Kochen, Waschen, Putzen oder zur Repräsentation benutzt?

Aus diesem Grunde verändern sich bei demjenigen, der sein eigener Partner geworden ist, auch die Kriterien zur Partnerwahl.

Die eigenständig gewordene Frau hält dann nicht mehr nach dem Versorger und mächtigen Rudelführer Ausschau, der sie beschützt und sie durch seinen hohen Rang aufwertet. Und der eigenständig gewordene Mann sucht nicht mehr nach dem mütterlichen Fotomodell, das ihm eine warme Suppe kocht und das ihm im Freundeskreis Bewunderung einbringt.

Auf diese Art und Weise treten andere Werte in den Vordergrund, die für ein beidseitiges Verstehen von größerer Bedeutung sind, z. B. seelische Affinität, geistige Möglichkeiten, gegenseitige Liebe und sexuelle Übereinstimmung.

Auch die Partnerschaftsform ändert sich. Anstelle der ehelichen Zwangsgemeinschaft werden die eigenständigen und unabhängigen Menschen Formen verwirklichen, die spezifisch auf ihre persönlichen Eigenarten, auf ihre Bedürfnisse, auf ihre Berufe und auf ihre biographischen Situationen zugeschnitten sind. So wird sicher ein Künstler eine andere

Form der Partnerschaft bevorzugen als ein Beamter, der in einer Institution sein Bestes gibt.

Erst wenn beide Partner ihre Partnerschaftsform frei wählen können, ob sie getrennt oder zusammen leben, gemeinsame Schlafzimmer oder getrennte haben wollen, wie häufig sie sich treffen und was sie zusammen unternehmen oder tun wollen, kehrt mehr Menschlichkeit in die Beziehung ein. Endlich hört man auf, nach einer Norm zu werten, sondern jede Partnerschaft wird akzeptiert und ist gleichwertig.

Es ist die für die beiden richtige Form – und das ist das einzige Kriterium.

Derjenige, der sein eigener Partner geworden ist, hat es geschafft, sich selbst zu komplettieren, zu einer Ganzheit zu werden, authentisch zu leben. Je mehr er fähig ist, sein Leben auch alleine schön und interessant zu gestalten, desto mehr ist er reif für eine wirklich menschliche Beziehung, eine Beziehung, in der nicht von vornherein die Enttäuschung bereits vorprogrammiert ist, die nicht endet in Haß und Wut, in Krankheit und Leid. Indem man an sich und für sich gearbeitet hat, hat man auch für den Partner und für die Beziehung etwas getan.

Wahre Liebe finden durch das Ausbilden von Anlagen

Wir beherbergen alle bewußt oder unbewußt ein paradiesisches Bild vom Partner, von der Partnerschaft, von der Natur, von der Gesellschaft und dem Leben schlechthin.

Doch was das Verblüffendste ist: dieses Bild könnte man sogar realisieren! Das Paradies wäre hier auf dieser Welt möglich: durch das Ausbilden von Anlagen und Fähigkeiten.

So wie jeder die »Hölle« oder das »Fegefeuer« in seiner Psyche selbst inszeniert, so könnte er sich genauso den Himmel auf Erden schaffen. Er könnte seine göttlichen Anlagen ausbilden und realisieren und sich so Schritt für Schritt sein Paradies psychisch erarbeiten.

Aufgrund der kulturellen Prägung, die Elend, Leid und Martyrium glorifiziert, traut sich das jedoch kaum einer zu, denn es besteht meist eine unbewußte Abwehr, Anlagen auszubilden.

Wer ein paradiesisches Leben und einen paradiesischen Partner haben will, muß zuerst selbst paradiesisch werden, d.h. seine wahren Anlagen und Fähigkeiten ausbilden:

Wer mit dem Partner schöne Gespräche führen will, muß zuerst selbst kommunikationsfähig werden, einen großen Wortschatz erwerben, sich Wissen aneignen, aktiv zuhören lernen usw.

Wer mit dem Partner eine gemeinsame Intimität und Vertrautheit erfahren will, muß zuerst mit seinem eigenen seelischen Wesen intim und vertraut geworden sein.

Wer mit dem Partner leidenschaftliche erotische Nächte

erleben will, muß zuerst selbst seine erotischen Fähigkeiten ausbilden, sollte raffinierte Verführungskünste erwerben und herausfinden, wie man sich selbst und dem Partner unbeschreibliche Wonnen verschafft.

Wer mit dem Partner Zärtlichkeiten voller Liebe und Glück erleben will, muß sich zuerst Gedanken machen, wie er selbst seelische Liebe und Wärme entwickelt und ausdrückt, welche Zärtlichkeitsvarianten es gibt, wie er dem Partner Geborgenheit und Zärtlichkeit schenken kann.

Man könnte diese Liste endlos fortsetzen, fest steht jedoch:

Zuerst gilt es die Anlage oder Fähigkeit auszubilden, um sie dann in der Partnerschaft einsetzen zu können.

Je mehr Anlagen zur Verfügung stehen, desto fürstlicher belohnt ihn das Schicksal. Er verstärkt dadurch seinen Partneranziehungsmechanismus und wirkt wie ein Magnet auf all diejenigen Menschen, die diese Anlagen dringend brauchen oder die sich mit ihm auf dem betreffenden Gebiet austauschen wollen.

Auch auf dem Gebiet der Partnerschaft wirkt das Prinzip von Angebot und Nachfrage. So erfreut sich derjenige großer Nachfrage, der auch entsprechende Angebote zu unterbreiten vermag. Er ist der *Gesuchte* und nicht der *Suchende*. Und nur der Gesuchte hat das Glück, frei unter einem großen Angebot wählen zu können.

Der Suchende hingegen muß sich in der langen Reihe derer anstellen, die um die Gunst eines Gesuchten buhlen.

Es geht also darum, nicht auf den Partner zu warten, der mich glücklich macht, sondern sich zu fragen: Was kann ich dem Partner *anbieten*, was kann ich ihm *geben?* Dabei gilt es Vorleistungen zu erbringen, aktiv zu werden, den Anfang zu machen.

Wenn dies alles bewußt geworden und davon immer mehr in die Tat umgesetzt wurde, erscheinen die Begriffe Treue,

Vertrauen und Ehrlichkeit in einem völlig neuen Licht. Man erkennt, daß Treue, Vertrauen und Ehrlichkeit *erwirkt* werden müssen.

Wenn jemand einzigartige Anlagen ausgebildet hat, ist es auch weniger wahrscheinlich, daß er von seinem Partner verlassen wird. Der Partner bleibt gerne bei ihm, weil er auf die leidenschaftlichen Nächte, auf die liebevolle Zärtlichkeit, auf die schönen Gespräche, kurzum, auf das mit den ausgebildeten Anlagen verbundene Glück nicht mehr verzichten will.

Ebenso verhält es sich mit dem Vertrauen. Zunächst muß man lernen, sich selbst zu vertrauen. Wenn man Selbstvertrauen entwickelt hat, bedeutet das, daß man seinem Selbst vertraut, also den Anlagen und Fähigkeiten, die das eigene Selbst ausmachen. Der einzelne kann dann auf die positiven Wirkungen, die er damit erzielt, vertrauen. Ein solches Vertrauen unterscheidet sich gravierend von der herkömmlichen Form von Vertrauen, das primär darauf basiert, vom Partner zu erwarten, daß er keine Seitensprünge unternimmt, daß er sich weiterhin im Sinne meiner Vorstellung verhält, daß sein Über-Ich weiterhin so streng bleibt, damit er auch in Zukunft die Normen und Ideale der Kultur einhält.

Und auch Ehrlichkeit muß erwirkt werden, denn Lügen und Heimlichkeiten sind nur notwendig gegenüber Menschen, die sich in einer engen, intoleranten Vorstellungswelt befinden oder einen so strengen Moralbegriff haben, daß ihre Partner viele Dinge ihres Lebens nicht mehr offen tätigen können, ohne Liebesverlust befürchten zu müssen.

Nur wer seine analytischen Fähigkeiten, die Fähigkeit, Hintergründe aufzudecken, sein Bewußtsein zu erweitern sowie die Fähigkeit zu Toleranz und Mitgefühl ausgebildet hat, läuft weniger Gefahr, belogen zu werden.

Warum sollte er dann noch belogen werden, wenn er alles

versteht, die Ängste und Unsicherheiten, die seelische Not und das Streben nach Liebe und Anerkennung des anderen?

»Wenn jeder alles vom anderen wüßte, es würde jeder gern und leicht verzeihen, es gäbe keinen Stolz mehr, keinen Hochmut.« (Hafis)

Fähig werden für eine wirklich gute Beziehung

War die konventionelle Partnerschaft durch gegenseitige Abhängigkeit gekennzeichnet, in der der eine etwas hat, was dem anderen fehlt, so steht die neue Form der Beziehung auf der Basis von unterschiedlichen Anlagen und Fähigkeiten, die miteinander *ausgetauscht* werden.

Wenn jeder der beiden Partner die jeweilige Anlage ausgebildet hat, sind Inhalte vorhanden, ist Substanz da. Auf diese Weise ist eine Begegnung auf einer ganz anderen Ebene möglich. Die Konstellation ist nicht mehr die, daß auf der einen Seite ein »Geber« existiert und auf der anderen ein »Nehmer« bzw. Empfänger. In der neuen Partnerschaft geben und empfangen beide. So haben beide z. B. eine Fülle an Informationen und Zärtlichkeiten füreinander. Es kommt zu einem Informationsaustausch bzw. einem Austausch von Zärtlichkeit und seelischer Wärme.

Durch den Austausch ist es möglich, daß sich beide Partner gegenseitig erfreuen, inspirieren und bereichern. Beide werden zu *Gewinnern*.

Bei der Ausbildung von Anlagen und Fähigkeiten geht es nicht darum, möglichst schnell perfekt werden zu müssen. Aber man wird bald sehen, daß mit der Verbesserung einer Anlage einem auch das Schicksal Schritt für Schritt entgegenkommt und immer mehr Freude und Glück bereithält. Die neue, neurosenfreie Form der Partnerschaft basiert insbesondere auf
– den Gesetzen des Lebens
– Freiheit, Wachstum und Entwicklung
– Investition von realen Anlagen und Fähigkeiten
– Regeneration, Kräftesammeln, Auftanken
– Vermittlung von Geborgenheit und seelischer Wärme
– Anerkennung der Andersartigkeit des Partners
– Anerkennung der Andersartigkeit des anderen Geschlechts
– Arbeitserleichterung
– Verbesserung der Lebensqualität, konstruktivere Zeitnutzung (mehr Wirtschaftlichkeit, mehr Effizienz), Lebensfreude (Erotik, Lust, Spaß, Wohlleben, Glück)
– finanzieller Unabhängigkeit
– zwei eigenen Revieren (jeder hat ein eigenes Zimmer)
– dem Recht, seine eigene Identität zu entfalten (jeder darf für all seine Persönlichkeitsanteile Bezugspunkte in der Außenwelt haben und ggf. schaffen)
– einem paarspezifischen Gesetzeskodex
– Kompetenzverteilung
– realem Mann- und Frausein
– freier Wahl, was der einzelne in die Beziehung einbringt und was nicht
– einer paarspezifischen Regelung in der Kindererziehung
– einer paarspezifischen Regelung in der Haushaltsführung

In einer realen Beziehung kann jeder seine Individualität beibehalten und bildet mit dem anderen zusätzlich eine Individualität als Paar.

Eine Beziehung aufzubauen, die mehr und mehr auf einer realen Basis steht, bedeutet Erwartungen und Wünsche gegenseitig auszusprechen, die Kompetenzen zu verteilen, die für beide passende Partnerschaftsform zu besprechen, einen gemeinsamen (paarspezifischen) Gesetzeskodex zu entwerfen, der sich von den pauschalen Regeln der Institution Ehe grundlegend unterscheidet. Es bedeutet die Fähigkeit zu entwickeln, in bestimmten Intervallen die Beziehung zu analysieren, was falsch gelaufen ist und was man verändern möchte, es bedeutet, dem Partner und dem Leben wohlwollend gegenüberzustehen...

Wie sagt doch Goethe: »Wer immer strebend sich bemüht, den können wir erlösen.«

Bibliographie

Desmond Morris: Der Mensch, mit dem wir leben, München 1991

Reiner Tölle: Psychiatrie, Berlin 1982

Erich Neumann: Zur Psychologie des Weiblichen, München 1972

Rudolf und Karin Schwarz: Das Indianerprinzip, München 1990

Hermann Meyer: Die neue Sinnlichkeit, München 1987
Gesetze des Schicksals, München 1992
Der Tod ist kein Zufall, München 1996
Die Lebensschule, München 1993

W. Toman: Familienkonstellation, München 1974

Barbo Bronsberg, Nina Vestlund: Ausgebrannt, München 1988

Serena Gray: Eine Frau über 35 läuft eher Gefahr von einem Tiger gefressen zu werden, als einen Mann zu finden, München 1992

D. Ipsen: Das Konstrukt Zufriedenheit, Soziale Welt 1978, Heft 1, 4453

Hermann Meyer, Partnerschafts- und Schicksalsforscher, ist Leiter der Partnership-Academy in München.

Nach dem Studium der Psychologie und Naturheilkunde in der psychosomatischen Forschung tätig. Jahrelang Vorstandsmitglied von IPSE (Psychosomatisches Forschungszentrum). Autor der Bücher »Psycho-Anti-Aging«, »Gesetze des Schicksals«, »Der Tod ist kein Zufall« und »Die eigene Identität«.

Der Autor hält in verschiedenen Städten Deutschlands, Österreichs und der Schweiz Wochenendseminare zum **Beziehungs-Führerschein** ab.

In den Grundkursen zum »Beziehungs-Führerschein« werden Grundkenntnisse sowie Gesetzmäßigkeiten und Regeln vermittelt, die im körperlichen, seelischen und geistigen »Verkehr« mit einem Partner wichtig sind. Die Teilnehmer lernen, irreale Verhaltensweisen, neurotische Spiele, falsche Annahmen und (Schuld-)Projektionen zu durchschauen und erfahren, was sie tun können, um
- einen Partner anzuziehen, der zu ihnen passt,
- Beziehungsprobleme zu lösen und
- eine erfüllende, glückliche Partnerschaft aufzubauen.

Grundkurs I: Anziehung eines passenden Partners

Grundkurs II: Lösung von Beziehungsproblemen

Grundkurs III: Aufbau einer erfüllenden Partnerschaft

Info: Partnership-Academy
Sendlingerstraße 28, 80331 München
Tel.: 089/26 08 96, Fax: 089/26 03 9 59
E-Mail: info@partnership-academy.com
Homepage: www.partnership-academy.com

„Selbstverwirklichung oder Erfolg?"

Diese Frage stellen sich viele Menschen angesichts der zunehmend schwieriger werdenden Arbeits-, Verdienst- und Lebensbedingungen. Doch das eine schliesst das andere nicht aus. Erst durch das Finden der eigenen Identität ist es möglich, das vorhandene Potential zu erkennen und zu nutzen sowie die richtige Wahl der Wohnung, des Arbeitsplatzes und des Lebenspartners zu treffen. Was dann "erfolgt" ist kein Zufall mehr, sondern das Ergebnis einer selbst-bewussten Persönlichkeit.

Hermann Meyer verbindet mit diesem Buch sein profundes Wissen über die Zusammenhänge menschlichen Verhaltens mit den Kenntnissen der Erfolgskybernetik. Er versteht es, in leicht verständlicher Form die vielfältigen Ursachen für Erfolg und Misserfolg näherzubringen und macht Mut, die persönlichen Ziele konsequent zu verwirklichen und so auf die Sonnenseite des Lebens zu kommen.

Hermann Meyer: **Die eigene Identität**
220 Seiten, Paperback, 15,30 €
Trigon Verlag, München, ISBN: 3-00-003838-8